城乡建设发展系列

土地发展权转移机制设计的原理与技术方法

王海燕 著

THE DESIGN PRINCIPLE AND TECHNOLOGY
OF THE TRANSFER MECHANISM OF LAND DEVELOPMENT RIGHT

中国经济出版社
CHINA ECONOMIC PUBLISHING HOUSE
北京

图书在版编目（CIP）数据

土地发展权转移机制设计的原理与技术方法／王海燕著．--北京：中国经济出版社，2022.9
ISBN 978-7-5136-7045-6

Ⅰ．①土… Ⅱ．①王… Ⅲ．①土地所有权-研究-中国 Ⅳ．①F321.1

中国版本图书馆 CIP 数据核字（2022）第 151470 号

责任编辑　叶亲忠
责任印制　马小宾
封面设计　华子图文

出版发行	中国经济出版社
印刷者	北京艾普海德印刷有限公司
经销者	各地新华书店
开　本	710mm×1000mm　1/16
印　张	13.5
字　数	205 千字
版　次	2022 年 9 月第 1 版
印　次	2022 年 9 月第 1 次
定　价	88.00 元

广告经营许可证　京西工商广字第 8179 号

中国经济出版社 网址 www.economyph.com 社址 北京市东城区安定门外大街 58 号 邮编 100011
本版图书如存在印装质量问题，请与本社销售中心联系调换（联系电话：010-57512564）

版权所有　盗版必究（举报电话：010-57512600）
国家版权局反盗版举报中心（举报电话：12390）　　　服务热线：010-57512564

摘 要
PREFACE

目前，国内学者对土地发展权的认知尚未统一，甚至存在对立、冲突、混乱的情况，在我国现行的制度体系与框架下，土地发展权市场的功能和定位也并不明晰。本书比较了英美法系和大陆法系的土地发展权形式及特点，分析和论证了英美法系土地发展权在我国不同视域下的对应形式，并借鉴两大法系国家（地区）土地发展权转移的理论及经验，探索我国土地发展权转移机制设计的原理与技术路径，为将发展权市场引入我国土地用途管制框架提供理论和技术支撑。本书的主要研究内容和结论如下：

（1）厘清两大法系的发展权形式及特点。在英美法系权利束范式下，发展权属于权利束中的一项权利，具备独立性和可让渡性。在大陆法系物权范式下，所有权和使用权中都有发展的权能，但不是一项物权，不具备独立性和可让渡性。发展权在英国具体表现为发展许可；在美国具体表现为地上空间开发强度的改变和土地用途的转换，通常由单位面积允许建造的住宅单元、容积率等予以度量。在大陆法系国家（地区），发展权表现为一种可转让的公权力管制配额，通常其被量化为容积率和建筑密度。两大法系国家（地区）的发展权转移经验显示，发展权市场是人为创设的市场，普遍以项目的形式开展；且在转移的过程中，发展权在让渡出的土地上被作废，发送区的该处土地不再被用作其他开发活动，从而获得永久保护。

（2）由于土地利用分区管制的存在，两大法系国家（地区）均存在国家介入发展权的情形。第一种情形是切除发展权，即国家运用公权力对发展权进行限制或切除，切除是永久性的，不存在补偿问题，之后也不会被恢复；第二种情形是冻结发展权，即由国家通过公权力将发展权予以冻结，冻结是暂时性的，发展权的实质还存在，产权人通过与国家达成协议，解冻发展权，即可获得发展权，但只可自用，不能转移；第三种情形是转移发展权，即国家通过赋予土地产权所有人相应的发展权，使其能够与其他交易主体达成协议，实现发展权转移。

（3）将英美法系的发展权纳入我国不同视域进行分析，论证了在中国物权体系中创设或增列土地发展权是不可行的，同时区分了土地发展权与土地增值收益的关系。我国空间用途管制视域下的发展权主要表现为两种形式：一种是容积率，另一种是建设用地指标。对照国际经验，在我国城乡规划背景下，国家对发展权的介入属于冻结发展权的情形；在我国土地用途管制背景下，国家对发展权的介入属于切除发展权和转移发展权两种情形。

（4）土地发展权转移机制设计的本土经验显示，地方实践本质上是一个土地发展权市场交易和空间配置的过程；各地实践以发挥市场主导功能为出发点，通过市场机制形成发展权交易价格；发展权市场运作存在项目化和制度化两种方式；相对于其他各国（地区）的发展权转移，中国国内的发展权交易对已经实现发展权交易的土地并未实行永久保护或做出其他相关规定，这是我国与其他国家（地区）在发展权交易中最大的区别。

（5）发展权转移机制设计的目标是将土地发展权市场作为土地用途管制的一种辅助和补充，解决刚性的土地用途管制带来的利益不公问题；通过引入市场机制，对其进行修正和设计，再将修正后的市场机制与土地用途管制协同在一起，形成土地发展权转移机制。本书通过土地发展权市场与一般商品市场、土地市场的比较，在理论上进一步论证了我国土地发展权市场是一个人工市场。首先，交易对象是由政府创设形成的一种拟制物；其次，发展权的供给与需求并非在市场中自发形成的，而是由政府创造的，当政府创造了供给，确定了需求，再由人造的供给和需求来决定价格，进一步地讲，这是政府人为创造的一种价格。上述土地发展权市场的分析可以说明，发展权的供需不完全符合经济学的供求规律，并不是一个真正的市场，不具备通常意义上市场的功能。

（6）土地发展权转移机制设计的技术路径有两种：项目化和制度化。以项目化机制设计的发展权市场具有特定性，即事先指定一一对应的发送区和接收区，每个项目都是一事一议，服从于一个特定的目标，并针对特定的目标和特定交易主体建立一套交易规则，有交易时间和交易总量的限制，适用于解决指定区域范围内的具体问题。项目化机制更具有灵活性和针对性，其交易风险较小，但可能出现交易成本过高的问题。以制度化机制建立的发展权市场具有普遍性和适用性，没有事先指定一一对应的发送区和接收区，没有限定的交易主体，没有交易时间、交易空间、交易总量的限制，是一个永续的、可重复性的、周而复始的交易活动，适用于解决一个区域内的普遍问题。制度化机制的实行相对简单，应用范围较广，市场作用较强，但可能面临相应的市场风险和制度风险。

目 录
CONTENTS

1 绪 论 ··· 001
  1.1 问题的提出 ··· 001
  1.2 研究目标和研究意义 ·· 003
    1.2.1 研究目标 ··· 003
    1.2.2 研究意义 ··· 004
  1.3 研究的主要内容 ·· 004
    1.3.1 两大法系的发展权形式及特点 ···························· 004
    1.3.2 两大法系的土地发展权转移经验 ························· 005
    1.3.3 英美法系发展权在中国不同视域下的实现形式 ··········· 005
    1.3.4 发展权转移机制设计的原理 ······························ 005
    1.3.5 发展权转移机制设计的关键技术及路径 ·················· 005
    1.3.6 发展权转移项目化机制设计 ······························ 006
    1.3.7 发展权转移制度化机制设计 ······························ 006
  1.4 技术路线与研究方法 ·· 006
    1.4.1 技术路线 ··· 006
    1.4.2 研究方法 ··· 008

2 国内外研究进展 ··· 009
  2.1 发展权及其转移 ·· 009
    2.1.1 发展权 ·· 009

2.1.2 发展权转移 ··· 012
  2.2 发展权市场的结构 ··· 015
   2.2.1 交易主体 ··· 015
   2.2.2 供给与需求 ··· 016
   2.2.3 发展权价格 ··· 018
  2.3 发展权转移制度的应用 ·· 022
   2.3.1 历史古迹保护 ··· 022
   2.3.2 生态敏感区保护 ··· 024
   2.3.3 开敞空间保护 ··· 025
   2.3.4 农地保护 ··· 026
   2.3.5 基础设施保护 ··· 026
  2.4 发展权市场的构建 ··· 027
   2.4.1 发展权市场的结构设计 ··· 027
   2.4.2 发展权市场的构建步骤 ··· 030
   2.4.3 发展权市场的评价标准 ··· 031
   2.4.4 政府在发展权市场构建中的作用 ··· 032
  2.5 发展权转移的中国路径 ·· 033
   2.5.1 "财产性权利"路径 ··· 033
   2.5.2 "增值收益分配"路径 ··· 034
   2.5.3 "规划与管制弹性工具"路径 ··· 036
  2.6 简要评论 ·· 037

3 两大法系的发展权形式及特点 ·· 039
  3.1 英美法系的土地发展权 ·· 039
   3.1.1 权利束范式 ··· 040
   3.1.2 发展权的特点 ··· 043
   3.1.3 英美两国发展权的差异 ··· 044
  3.2 大陆法系的土地发展权 ·· 047

目 录

  3.2.1 物权范式 ·· 048
  3.2.2 发展权的表现形式 ·· 050
 3.3 两大法系的土地发展权比较 ·· 052
  3.3.1 范式特点 ·· 052
  3.3.2 制度结构 ·· 054
  3.3.3 创设机制 ·· 054
  3.3.4 表现形式 ·· 055
 3.4 本章小结：国家介入发展权的三种情形 ································ 056

4 两大法系的土地发展权转移经验 ·· 059

 4.1 美国发展权转移（购买）·· 059
 4.2 意大利建筑容量转移 ·· 061
 4.3 日本容积移转 ··· 063
 4.4 结论与启示 ·· 064

5 土地发展权的中国形式：基于国际比较的考察 ···························· 066

 5.1 物权法视域下的土地发展权 ·· 066
  5.1.1 土地发展权客体的非特定化 ······································· 067
  5.1.2 土地发展权的非支配性 ·· 069
 5.2 土地增值收益分配视域下的发展权 ······································ 071
  5.2.1 概念混淆 ·· 071
  5.2.2 逻辑缘由 ·· 072
  5.2.3 解决途径 ·· 073
 5.3 空间用途管制视域下的发展权：中国形式 ···························· 076
  5.3.1 中国法上的土地发展权一般形式 ································· 077
  5.3.2 发展权的中国形式Ⅰ：容积率 ····································· 082
  5.3.3 发展权的中国形式Ⅱ：建设用地指标 ·························· 086
 5.4 本章小结 ··· 088

6 发展权转移机制设计的原理 091

6.1 机制类型化：发现与设计 091
6.2 土地发展权转移机制设计的本土经验 092
6.2.1 规划指标市场 094
6.2.2 计划指标市场 095
6.2.3 城乡建设用地增减挂钩指标市场 096
6.2.4 重庆地票市场 101
6.2.5 发展权衍生品市场 103
6.2.6 经验总结 110
6.3 土地发展权转移机制设计的目标及要点 113
6.3.1 发展权转移机制设计的目标 114
6.3.2 发展权转移机制设计的要点 115
6.4 土地发展权市场结构设计 116
6.4.1 交易对象及其所有者 117
6.4.2 发展权供给 118
6.4.3 发展权需求 120
6.4.4 市场类型 122
6.4.5 政府调控 123
6.5 本章小结：土地用途管制与人工市场的融合 123

7 发展权转移机制设计的关键技术及技术路径 125

7.1 发展权转移机制设计的技术原则 125
7.1.1 自愿原则 125
7.1.2 生态保护原则 126
7.1.3 因地制宜原则 126
7.1.4 权利与义务对等原则 126
7.1.5 可操作性原则 127

7.2 发展权转移机制设计的关键技术 127
7.2.1 发送区设置 127
7.2.2 发展权赋值 128
7.2.3 接收区设置 130
7.2.4 发展权实现 130
7.3 发展权转移机制设计的技术路径 131
7.3.1 发展权转移机制设计的技术路径Ⅰ：项目化 131
7.3.2 发展权转移机制设计的技术路径Ⅱ：制度化 135
7.4 本章小结 138

8 发展权转移项目化机制设计——以平阳县为例 140
8.1 项目化机制设计总论 140
8.2 项目化机制设计目标 142
8.3 发展权创设及赋值 143
8.3.1 技术约定 143
8.3.2 技术路线 145
8.3.3 测算过程 148
8.4 创建发送区与接收区 151
8.4.1 发送区 151
8.4.2 接收区 152
8.5 发展权市场交易规则 153
8.6 发展权市场交易监管与调控 157
8.7 发展权交易效应 158
8.8 本章小结 160

9 发展权转移制度化机制设计——以挂钩节余指标跨省域调剂为例 161
9.1 制度化机制设计总论 161

9.2 制度化机制设计目标 …………………………………… 162
9.3 发展权创设 ……………………………………………… 162
9.4 需求与供给的创造 ……………………………………… 163
9.5 发展权市场交易规则 …………………………………… 165
9.6 发展权市场交易监管与调控 …………………………… 168
9.7 发展权交易效应 ………………………………………… 169
9.8 本章小结 ………………………………………………… 170

10 研究结论及其政策含义 …………………………………… 172

10.1 研究结论 ……………………………………………… 172
10.2 可能的创新之处 ……………………………………… 174
10.3 进一步研究方向 ……………………………………… 175
10.4 政策含义 ……………………………………………… 176

参考文献 ………………………………………………………… 178

重要术语索引表 ………………………………………………… 202

1 绪 论

1.1 问题的提出

新安江流域发源于安徽省黄山市休宁县,横跨皖浙两省,是浙江省最大的入境河流,也是其下游的千岛湖水资源供给的主要地区。然而,关于上下游如何履行好保护和治理的责任,两地政府曾多年博弈。已有的监测数据显示,新安江皖浙交界断面水体总氮、总磷指标值呈上升趋势,给千岛湖的生态状况敲响了警钟,新安江流域的治理工作迫在眉睫。2011年11月,财政部、生态环境部等在新安江启动了国内首个跨省域生态补偿机制试点,2012—2014年作为三年试点期,在监测年度内,每年补偿资金为5亿元。其中,每年由中央财政出资3亿元给安徽省,用于新安江治理,皖浙两省各出资1亿元;以两省交界处水域为考核标准,上游安徽提供水质优于基本标准的,由下游浙江补偿安徽1亿元,劣于基本标准的,由安徽补偿浙江1亿元。新安江实行跨省域生态补偿机制试点以来,黄山市累计有170多家污染企业被关停,90多家工业企业陆续搬迁。此外,黄山市实施农村垃圾和污水处理等项目,强化对重点河道的综合整治,新安江成为国内水质最好的河流之一[①]。

在这个案例中,第一种分析认为,保护新安江流域产生了正向生态外溢,使得受益方在不付出任何成本的条件下享受保护该流域所产生的非市

---

① 首个跨省流域生态补偿试点,http://www.h2o-china.com/news/view?id=264814&page=1。新安江流域生态补偿机制试点六年,http://ah.people.com.cn/n2/2018/0423/c358428-31493099.html。

场商品和服务（Swinton et al.，2015），需要利益主体之间通过生态补偿方式将其外部成本内部化，保障新安江流域生态环境资源的公平分享和永续利用，进而形成良好的流域上下游补偿模式（陈瑞莲、胡熠，2005；郑海霞，2006；刘铮、张宇恒，2017；马永喜等，2017）；第二种分析认为，发展权是公民自然享有的关于发展机会均等和发展利益共享的权利（汪习根，2004），上游保护水源地会对相关主体的发展权造成影响（马莹、毛程连，2010；黄锡生、何江，2017），下游地区对上游地区的经济补偿是实现共享发展理念的具体措施（张启兵，2012）；第三种分析认为，发展权是由于管制或规划导致的一种权利（张鹏，2010），通过刚性管制将上游划定为限制发展区域，上游必须承担资源或环境保护任务，而下游被划定为可发展区域，就造成了相关主体利益的"暴利—暴损"困境（windfall-wipeout dilemma），受益方对受损方进行补偿，解决了因土地用途管制造成的利益不均衡问题。尽管不同的学者都使用"发展权"一词，但其含义及补偿原理是迥然不同的。可以看出，第一种分析是基于外部性内部化原理的生态补偿，第二种分析将其作为一项基本人权的经济补偿，第三种分析是对因土地用途管制造成的利益损失进行的补偿。

本书研究的是由于土地用途管制而形成的发展权补偿问题，主要解决的是土地用途管制对产权人权利限制而造成的"暴利—暴损"困境。

目前，中国正处于城镇化和工业化进程的快速推进阶段，非农用地的需求不可避免地将持续增长，耕地非农化速度过快导致耕地资源被大量浪费，势必对我国粮食安全、生态安全和经济可持续发展构成威胁。在我国独特的国情下，"最严格"的土地管理制度不仅没有遏制耕地的流失，还在现实运用中暴露了一系列弊端。在我国的土地用途管制框架下，国家严格限制土地开发利用，不同土地用途的相关主体面临着不同的发展潜力和机会，由此产生了"暴利—暴损"困境。此外，中央政府采用指令性管理下达建设用地计划指标，并严格要求各级政府不得突破计划指标要求。一方面，该计划配置方案强调不同区域的"发展权利公平"（汪晖、陶然，2009），没有对不同区域建设总量规模实行差别化的控制约束，进而造成大量的农业生产空间或自然生态空间被严重侵占（王博，2016）；另一方面，计划配置的用地指标与区域的实际需求存在较大偏差，可能产生的结果是，经济落后地区用地指标相对宽松，容易导致土地利用集约程度低，土地价值得不到充分体现，而经济相对发达地区则面临用地指标供给严重不足的情况。由于缺乏指标调节机制，分配的指标无法依据需求变化进行二次调整（王克强等，2011），最终导致有些区域的年度建设用地指标用不完，而有些区域超过计划限制。这种"刚性有余、弹性不足"的管理思路逐渐暴露出与新阶段建设用地配置的诉求存在不一致的矛盾（王博等，2016），亟待对其进行转变。

国内有学者认为，土地发展权能解决土地用途管制造成的利益分配不公问题，主张将其引入我国的土地管理政策中；也有学者认为，发展权是一项与土地所有权分离的财产权，主张将其植入我国法律体系；还有学者认为，发展权是农用地转为建设用地的增值部分，主张将其引入我国土地征收改革领域。可以看到，国内学者对土地发展权的中国形式有不同的见解，甚至存在对立、冲突、混乱的情况。究其原因，主要是学者对土地发展权尚未形成统一的认识，且在我国现行的制度体系与框架下，土地发展权市场的功能和定位并不明晰。本书试图对土地领域中的发展权理论"正本清源"，基于国际比较，厘清英美法系土地发展权在我国不同视域下的对应形式，提出土地发展权转移机制设计的原理，将土地发展权市场引入我国现有的土地用途管制框架中，探索土地发展权转移机制设计的技术路径。

1.2 研究目标和研究意义

1.2.1 研究目标

国内学者在土地发展权认识问题上存在对立、冲突、混乱的情况，其原因在于学者对发展权的界定尚未形成统一的认识。鉴于理论研究和实践管理的需要，本书在对英美法系与大陆法系在制度框架及权利体系进行重大差别分析的基础上，进一步识别不同法系国家（地区）发展权的形式及特点，厘清英美法权利束观念的发展权在我国不同视域下的对应形式，并参照中国国内及其他国家（地区）的土地发展权转移经验，对土地发展权市场进行不同路径的机制设计；通过土地发展权的市场化流转，公开、公平地对因我国土地用途管制受限制的土地发展权的价值进行补偿，对我国刚性的土地指标配置方式进行修正。

1.2.2 研究意义

本书在对英美法系和大陆法系制度框架与权利体系进行梳理、比较的基础上，厘清了发展权在不同法系国家（地区）的本质及表现形式，分析及论证了英美法系的土地发展权在我国不同制度视域下的对应形式，并对土地发展权市场的功能和定位进行刻画，期待能在一定程度上促进中国国内已有的发展权理论体系的进一步完善。在发展权转移机制与国内各项制度协调与衔接的基础上，本书提出土地发展权转移机制设计的两种技术路径，为有效缓解我国土地规划刚性管制带来的利益不公问题，提供实用性和可操作性的设计思路。

1.3 研究的主要内容

1.3.1 两大法系的发展权形式及特点

本书比较英美法系和大陆法系财产制度的重大差别，分析发展权在不同的制度框架下、不同权利体系中的位置，进一步识别不同法系国家的发展权本质及表现形式，为本书的后续研究奠定了理论基础。具体包括：英美法系权利束范式中权利项分离、独立和创建的模式与特征；英美两国发展权在法律基础、理论逻辑、发展权本质上的差别；大陆法系物权范式特点；大陆法系国家创设发展权的背景、实现过程及量化形式；两大法系土地发展权在范式特点、制度结构、创设机制及表现形式上的比较；两大法系国家（地区）介入发展权的三种情形分析。

1.3.2 两大法系的土地发展权转移经验

本书从两大法系不同国家（地区）的土地发展权转移经验出发，进一步梳理不同法系国家（地区）如美国、意大利、日本发展权转移的制度背景、作业要点、实施情况及市场特点等，并对两大法系发展权转移机制的原理进行论述，以期为中国的土地发展权转移机制设计提供借鉴。

1.3.3 英美法系发展权在中国不同视域下的实现形式

本书分析及论证英美法系发展权在中国物权法视域、土地增值收益分配视域、空间用途管制视域的对应形式。具体包括：对将土地发展权植入我国物权体系和将土地发展权引入我国征收改革领域的研究思路及其观点进行剖析；厘清土地发展权在我国空间用途管制框架中的衔接点、本质、特点与表现方式，并从国际视域对照我国公权力对发展权的干预情形。

1.3.4 发展权转移机制设计的原理

本书明确了发展权在我国空间用途管制视域下的对应形式之后，通过机制设计原理的描述、国内土地发展权转移本土经验的总结，提出土地发展权转移机制设计的目标及要点；通过与一般商品市场、土地市场的比较，论证我国土地发展权的市场结构，进一步刻画土地发展权转移机制设计的原理。

1.3.5 发展权转移机制设计的关键技术及路径

土地发展权市场作为土地用途管制的一种实施方式，并不是一个自发形成的市场，而是一个由政府人为创建的市场（artificial market），土地发展权市场是设计土地发展权转移机制的重要部件之一。在中国国内和其他国家（地区）不同的发展权转移经验总结的基础上，本书提出发展权转移机制设计应遵循的技术原则，在此基础上对发展权转移机制设计的关键技术进行论述，并从基本规定性、应用路径、优势及风险等方面，对发展权转移机制设计的两条技术路径分别进行分析。

1.3.6 发展权转移项目化机制设计

本书以浙江省平阳县为例，按照项目化机制方式设计土地发展权市场。首先，明确发展权项目要实现的目标或要解决的问题，根据土地发展权转移项目化机制的基本规定性，依据技术路线，创设并分配发展权；其次，选定一一对应的发送区与接收区，针对项目区域的发送区与接收区设计交易规则，并对其创建的发展权市场进行监管与调控；最后，交易完成之后，对发送区与接收区产生的交易效应分别进行设计。

1.3.7 发展权转移制度化机制设计

本书以城乡建设用地增减挂钩节余指标跨省域调剂政策为依据，按照制度化机制方式构建一个在全国范围内以地方政府为主体的土地发展权交易市场。首先，确定市场目标；其次，创设发展权，创造需求与供给，并由国土资源部制定一套标准化的交易规则，作为规范跨省域发展权流转的一般性管理办法和意见，同时，国土资源部及各省国土资源管理部门对其交易过程进行监督与调控；最后，对节余指标的调出区与调入区交易后的效应分别进行设计。

1.4 技术路线与研究方法

1.4.1 技术路线

本书试图对土地领域中的发展权理论进行"正本清源"，并探索英美法系土地发展权及其转移制度的借鉴意义和应用前景，将其引入我国的土地用途管制框架，对刚性的计划配置进行市场取向的修正。为此，本书主要从土地发展权转移机制设计原理与技术方法两个方面展开研究：首先，从英美法系权利束范式和大陆法系物权范式两个方面审视土地发展权的形式及特点；其次，分析和论证英美法系发展权在我国不同视域下的对应形式；再次，着眼于发展权转移机制设计原理，提出发展权转移机制设计的两种技术路径；最后，分别进行发展权转移项目化机制设计和发展权转移制度化机制设计。本书的技术路线如图1-1所示。

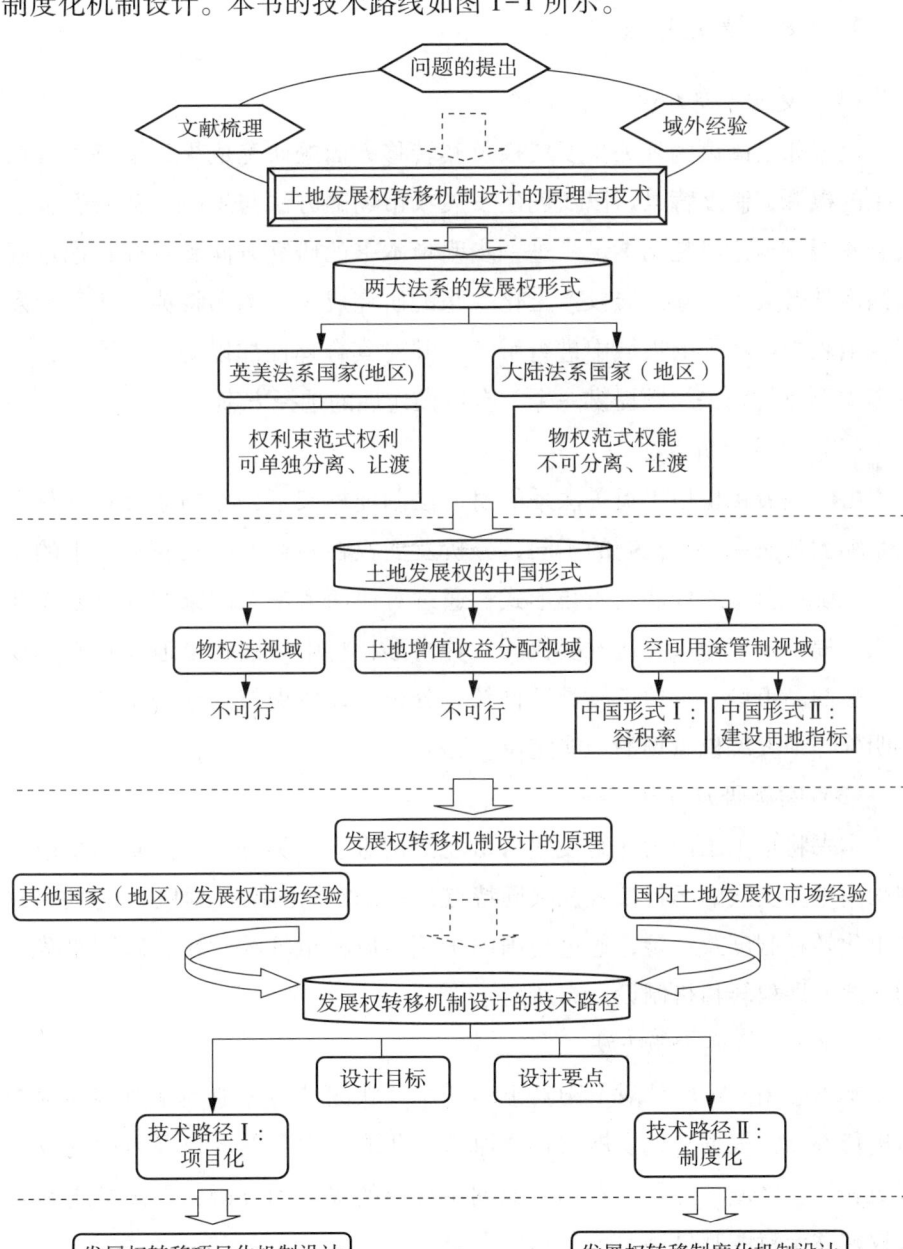

图1-1 本书研究的技术路线

1.4.2 研究方法

（1）文献研究方法

笔者通过阅读国外关于发展权及其转移方面的研究成果，了解发展权产生的根源、制度背景，以及创建发展权市场的方法与思路，并根据我国现有发展权理论研究的不足，进一步明晰本书的研究方向和目标；通过阅读国内学者关于土地发展权本土化主张的研究成果，本书将英美法系的发展权纳入中国不同的视域中进行解读，并对其合理性加以分析、论证，为本书中涉及的相关问题提供一个具有可操作性的选择方案。

（2）比较分析方法

由于发展权根植于英美法系的财产法制度框架下，本书通过对比英美法系和大陆法系创设机制的不同，分析发展权在两种不同权利类型中的位置，准确把握发展权的性质与形式；通过对比两大法系国家的发展权作业要点，提出国家介入土地发展权的三种情形；将中国国内土地发展权市场与一般商品市场、土地市场进行比较，分析土地发展权的市场结构，进一步明确土地发展权市场的功能定位。

（3）案例研究方法

本书将中国国内的土地发展权市场案例进行归类分析，探索和总结中国国内地方实践的运行模式和共同特点；总结其他国家（地区）的发展权本土化转移制度及经验，通过与国内土地发展权市场的对比，以期对我国的土地发展权转移机制设计有所启示。

（4）GIS空间分析方法

本书采用GIS软件对平阳县土地利用现状图件与土地利用总体规划图件进行叠加，根据土地发展权转移原理，获取平阳县发展权项目中的发送区域和接收区域。此外，本书土地利用数据的提取和分析、平阳县土地发展权转移示意图都借助GIS工具来完成。

2 国内外研究进展

本章从发展权及其转移、发展权市场的结构、发展权转移制度的应用、发展权市场的构建、发展权转移的中国路径五个方面入手，将发展权的国内外理论研究与实践研究进行梳理与总结，并加以评述，由此引出本书的进一步研究方向。

2.1 发展权及其转移

2.1.1 发展权

"Development Right"的概念首次出现在1947年英国颁布的《城乡规划法》（*Town and Country Planning Act*）中[①]，该法通过设立土地发展权来限制土地私有权的滥用（Prior，2005）；国家对土地发展权进行有补偿的没收和充公，土地所有者可以使用土地，但政府有权使土地不被开发（Eckert，1968）。《英国城乡规划》（第14版）对"development"一词的定义为，"在地上、地面、地下进行建筑建造、工程建设、矿采开发或其他工作，或在对任何建筑、土地的使用过程中所进行的各种实质性改变"。

[①] 中国国内学者大多将"Development Rights"译为"开发权"或"发展权"；还有学者认为，应译为"开发权"或"建筑权"，而非"发展权"。此外，大陆法系国家将其称为"建筑权"，属于地上权的范畴（郑振源，2005）；《英国城乡规划》（第14版）将其翻译为"开发权"。本书遵照习惯，仍使用"发展权"的译法和表达。

到2004年，"development"引入一个颇为不同的概念，其不是指一种物质上的变化，而是一幢建筑或一块土地在使用功能上的转变。美国纽约州的《一般城市法》（*General City Law*）将其定义为，"根据分区法规或地方法规，在某片、块或区域的土地上允许实现特定用途、范围、强度、容量和建筑物高度等的权利"。

在英美法系财产法的背景下，产权被看作"一把木条"（a buddle of sticks），每一根"木条"代表一种不同的权利，如使用权、租赁权、抵押权、出售权等。同样，"property"可发展的权利被称为"development right"（Pruetz and AICP，2003）。学者普遍认为，发展权是一种可以从权利束中分离出来，并在市场上被利用、转移或出售的权利（Barrows and Prenguber，1975；Wiebe and Meinzen-Dick，1998），且可以将该权利从较小的建筑物转移到新的建筑物上（Richards，1972；Costonis，1973）。

由于中国语境下的发展权是一个舶来品，相比于美国对发展权较为统一的认识，中国国内学者以不同的视角对发展权进行了解读。

第一个视角认为，发展权即为农地发展权。沈守愚（1998）较早从法学角度将其界定为"农地变更为非农用地的变更利用权"。江平（1999）、王小映（2003）、周建春（2005）进一步将其界定为"农地转为建设用地的权利"。汪晗、张安录（2009）认为，农地发展权包含三个层次：在农地性质不变的条件下进行农业结构调整的权利、变更为集体建设用地、国家建设用地的权利。

第二个视角认为，发展权是涉及土地用途变更和对土地原有集约度进行改变的权利（王万茂、臧俊梅，2007；臧俊梅等，2008）。比如，在土地上兴建建筑改良物的权利，可以用"容积率"的高低来表现土地发展权价值的大小（林元兴、陈贞君，1999）。还有学者认为，土地发展权是对土地利用进行再发展的权利，其中土地发展权的客体涉及地上、地下、地面上空的开发和利用（胡兰玲，2002；季禾禾等，2005；刘明明，2008）。杜茎深、靳相木（2012）认为，土地发展权是土地权利人在分区规划许可范围内对其所有土地进行建设或开发的权利。梁发超（2015）提出新型土地发展权的概念，即在遵从土地用途管制制度的前提下，对土地原有使用用途或利用强度进行改变而获得利益的权利,并提出将土地发展权中具有公益属性的部分让渡给政府,具有利益属性的部分交于农民。

该视角下的发展权是一个相对宽泛的概念,多数学者基于土地用途变更和土地集约度提高两个方面对发展权进行了分类,其主要有以下分类方式:

(1) 土地发展权分为农地、建设用地和未利用地三类发展权(范辉、董捷,2005;侯华丽、杜舰,2005)。其中,农地发展权是指由农用地转为建设用地时的权利上升;未利用地发展权变更为农用地或建设用地的发展权。

(2) 土地发展权分为农地和市地两类发展权(王万茂、臧俊梅,2006;臧俊梅,2007;朱一中、曹裕,2012)。其中,农地发展权为农地转为建设用地的权利;市地发展权包括开发密度或强度的加大等权利。臧俊梅(2007)依据不同的分类标志,将农地发展权划分为普遍的与具体的农地发展权,虚拟的与可转移的农地发展权,国家的、集体的与个人的农地发展权。

(3) 土地发展权分为农地、未利用地和投入三类发展权。其中,农地发展权是农地变更为非农用地的权利;未利用地发展权是未利用土地被开发利用的权利;投入发展权是在农用地上扩大投入的权利和在建设用地上进行建设的权利(王顺祥等,2008)。

(4) 土地发展权分为实地、转用和市地三类开发权。其中,转用开发权与土地用途变更相关;市地开发权与建筑物密度和容积率相关(万江,2012)。

(5) 土地发展权分为基本、超额和虚拟三类土地发展权。其中,基本土地发展权是由国家赋予土地产权人的;虚拟土地发展权是由各个经济主体主动创造的(高波、张鹏,2013)。

第三个视角认为,发展权是一种可以与土地所有权分割而进行单独处分的财产权(物权)(柴强,1993;梁慧星,1998;胡兰玲,2002;李世平,2002;刘国臻,2005),组织或个人可通过变更土地用途获得额外收益(杜业明,2004)。杨明洪、刘永湘(2004)认为,土地发展权是一种针对用途管制提出的可以从土地所有权分离出来的物权。此外，还有一种观点认为，土地发展权是土地所有权人基于社会公共利益需要所拥有一种超市场性质的权利，是我国土地所有权的一项特有的权利内容，社会公共利益需要时，由土地所有权人单方收回土地使用权的权利，或土地使用权再流转时，获得收益分享的权利（刘俊，2006；郜永昌，2009）。

第四个视角认为，发展权在经济层面直接表现为农地转为建设用地的增值部分（黄祖辉、汪晖，2002；杨明洪、刘永湘，2004；周诚，2007；臧俊梅、王万茂，2007；王永慧、严金明，2007；王顺祥等，2008；陈柏峰，2012；程雪阳，2014）。由于土地征收是我国农地转为建设用地的最主要途径，发展权进一步表现为征地过程产生的巨大土地增值。

2.1.2 发展权转移

发展权转移产生于严格的分区规划管制（zoning）背景下，地方政府为实现保护农地、生态脆弱区、历史标志性建筑、开敞空间等目的，通过土地分区管制将辖区内的土地规划为不同的利用类型，并对不同地块发展做出不同的开发限制，这侵害了私人土地发展的权利（Carpenter and Heffley，1982），导致了所谓"暴利—暴损"困境，即被规划为开发区的土地所有者获得了非个人努力所带来的收益，而开发受限的土地所有者则面临着潜在的损失（Hagman，1974；Barrows and Prenguber，1975；Hagman and Misczynski，1978；Barrese，1983）。分区规划管制作为政府行使警察权（police power）① 的一种方式，它不同于征收权（eminent domain），通常情况下，在保障"公共健康、安全、福祉和道德水平"的范围内，政府无须为土地所有者因分区规划管制带来的不动产价值减损进行补偿（Fischel，1978）。针对分区规划管制造成的"暴利—暴损"困境，学术界和政府规划部门不断探索更公平且更具弹性的土地分区规划管制政策，发展权转移便在这一背景下产生。

---

① 所谓警察权，是由公正干预演变而来的，首次于1827年被美国联邦最高法院所采用，1847年后被用作法律名词，定义为每个主权国家所固有的、用以管理辖区内的人和物的政府权力。之后，警察权的使用范围逐渐扩展到公共福利和社会利益的保障方面，尤其是土地用途管制方面（弗里德里希·冯·哈耶克，2008）。

2 国内外研究进展

发展权转移制度作为一种创新的土地利用工具,帮助社区实施增长管理计划和政策,解决传统分区过程中产生的"暴利—暴损"困境(Barrows and Prenguber, 1975; Fischel, 2003; Bratton et al., 2008)。随着美国部分州启动发展权转移项目的应用和实施,学者对发展权的界定转为发展权转移的实践层面。所谓发展权转移,实质是被指定为发送区的土地产权拥有者,将从土地权利束中分离出来的发展权,转移到被指定为接收区的另一块土地上,使之获得更大的开发强度;发送区土地产权拥有者受限制的发展权由此获得补偿,且发送区的土地在转让发展权之后将会受到严格的开发限制,其用途必须保持不变(Costonis, 1973; Field and Conrad, 1975; Berry and Steiker, 1977; Hahn, 1984; Danner, 1997)。

发展权转移在探索中,既可以由发送区土地所有者转让给接收区土地所有者行使,也可以由政府或其他非政府组织赎买而消灭,前者被称为发展权转移(Transfer of Development Rights, TDR),后者被称为发展权购买(Purchase of Development Rights, PDR)。无论是发展权转移项目,还是发展权购买项目,受限制的发展权均得到了补偿,并实现了对农地、生态脆弱区、开敞空间等的永久保护。由于发展权购买项目的实施受作为购买主体的政府或者其他非政府组织的财力限制,故发展权购买项目相对较少,而发展权转移项目则因不受这一限制而大行其道。发展权转移项目的实践与其理论探索相互推动和促进,形成了大量的研究成果(Field and Conrad, 1975; Mills, 1980; Barese, 1983; Thorsnes and Simons, 1999; Pruetz and AICP, 2003)。

以发展权转移项目为例,一个完整的发展权转移项目除了设定发送区(sending areas)和接收区(receiving areas)之外,发展权转移项目的设计要素还包括基准分区规划(baseline zoning)、分配比例(allocation rate)、密度奖励(density bonus)、每额外居住单元需要的 TDR 数量(TDR per additional dwelling unit)(Wall and McConnell, 2007; McConnell and Walls, 2009)。相关内容见表 2-1。

表 2-1　美国发展权转移项目设计要素

要素对象	内容解释
发送区	可转出发展权的区域
接收区	可转入发展权以获得额外开发密度的区域
基准分区规划	发送区和接收区在参与发展权项目之前可开发的密度，通常用住宅单位/英亩表示
分配比例	发送区可移出的发展权数量
密度奖励	接收区利用发展权可额外获得的开发密度，通常用住宅单位/英亩表示
每额外居住单元需要的 TDR 数量	接收区建立一个额外的居住单位所需的发展权数量

资料来源：Wall and McConnell（2007）。

发展权转移在过程中，要给予对价以获取发展权，必须将其量化为交易对象。美国主要有两种量化方式，一种在都市地区将其量化为容积率，另一种在郊外地区将其量化为居住单位（杜茎深，2013）。此外，发展权转移在不同的大陆法系国家，其量化形式也是不同的。比如，法国、日本将其量化为容积率（林元兴、陈贞君，1999；金广君、戴铜，2010），意大利则将其量化为建筑容量（Micelli，2002）。中国国内学者认为，新增建设用地指标是中国化的土地开发权（靳相木，2009），我国的新增建设用地指标同样需要购买或在土地交易所交易进行转让（王淑华，2011）。有学者认为，我国的建设用地复垦指标政策，在耕地所有权人与用地者之间建立了直接的土地发展权交易平台，用地者通过购买规划保护区内的耕地发展权，将其转移到规划建设区，类似于美国的发展权转移制度（陈佳骊、徐保根，2010）。也有学者在美国土地发展权转移政策与我国的增减挂钩政策对比方面做了较为广泛的研究，认为我国城乡建设用地增减挂钩的核心就是土地发展权的转移，以挂钩指标为载体，实现了拆旧区农用地的发展权向建新区的空间转移（郑俊鹏等，2014；边振兴等，2016）。还有学者从规划视角认为，土地发展权在我国表现为容积率、建筑密度、建筑高度等（田莉，2007；王莉莉，2017）。

边振兴等（2016）将土地发展权转移定义为，在规划分区的基础上，将发送区和接收区共同组成土地发展权转移项目区，通过赋予发送区土地所有者一定数量的土地发展权,并允许它们被交易到接收区,最终实现土地发展权在发送区和接收区之间的置换。臧俊梅(2008)认为,我国的可转移农地发展权包括两种形式:具体农地发展权转移和环境保护地区虚拟发展权转移。王婷(2012)在臧俊梅梳理的农地发展权分类的基础上认为,挂钩拆旧区的农地发展权属于一种虚拟的可转让的发展权,而建新区的农地发展权是地方政府通过征地获得的具体发展权。

2.2 发展权市场的结构

发展权转移项目是通过发展权市场予以实施的,发展权市场的结构主要涉及市场主体、供给与需求、发展权价格三个方面的内容。尽管我国并未有明确的土地发展权制度,但综合全国各地出现的指标交易实践,中国国内学者普遍认为,中国已经出现了类似的土地发展权转移和交易创新实践(谭峻等,2004;张蔚文等,2008;汪晖、陶然,2009;汪晖等,2011),并据此进行了相关分析。

2.2.1 交易主体

美国的发展权是以项目(programs)的形式进行推进和实现的。一般来讲,农地、环境敏感区、闲置地、历史遗迹、开放空间以及废弃地整治区(brownfield remediation)等需要进行保护的地区作为发展权转移项目的发送区,而接收区则是由政府依据既有开发密度、基础设施条件、环境质量和城市发展目标等,评估开发潜力,并结合社区意愿来选定的,适合的土地类型有城市外围尚未开发的土地、新城市中心、再开发区、填充开发区(infill development)、正在建设区(building up)(Mercer,2008)。Bratton 等(2008)认为,土地发展权转移项目应该有三个市场主体,即出售发展权的土地所有者、购买发展权的开发商或建设者、设置规则确保项目公平竞争的政府机构。

我国主要以区域性的土地发展权项目进行具体实施,考虑发展权转移项目的供给区域与需求区域应尽量在同一性质区划内,我国主要以县为整体单位（张安录，1999；汪晗等，2011）。高波、张鹏（2013）认为，土地发展权市场的交易主体包括拥有土地发展权的农民集体经济组织、地方政府、其他经济组织等。陈晓芳（2016）认为，在我国的指标交易市场，应根据指标对应的土地所有权及使用权的性质来确定交易主体。如果是已出让的国有土地，在出让期限内，应以国有土地使用权人为交易主体，尚未出让的国有土地由政府代理作为交易主体；如果是农民集体所有土地，应以农民集体以及农户作为交易主体，其中分配到农户个人手中的宅基地和承包经营地，其附着的转用指标归农户个人所有，其他未分配到户的农民集体土地，如废弃的建设用地、公共设施、公益事业建设用地等，其附着的转用指标归农民集体所有。

2.2.2 供给与需求

对保护区的识别对于确定发展权市场的供给至关重要，由于土地所有者出售发展权的决策取决于发展权项目土地开发时所期待获得的补偿，因此发展权的供给难以预测。Barrows 和 Prenguber（1975）认为，市场不确定性将导致非连续性供给曲线，流动性较差或较低收入的发展权持有者会出售发展权。Conrad 和 LeBlanc（1979）通过实证研究认为，影响发展权供给的社会经济因素包括发送区的农业价值、农地升值预期、农业剩余使用价值、土地所有者年龄和土地使用意向的延续等。Mill（1980）通过设定足够小的发展权补偿价值来抑制或减少发展权的供应。Frankel（1999）认为，土地所有者选择出售发展权主要源于他们自身土地的高价值、高需求和看涨的行情，如果没有显著的补偿，低密度和低收入的发展权所有者会选择限制他们发展土地的能力。Pruetz 等（2007）认为，大部分土地发展权转移项目通过增加密度作为开发商购买发展权的诱因，一些社区允许购买发展权的开发商可以超出建筑密度、覆盖率、建筑高度的限制。

有学者从理论层面对发展权需求方面进行研究，认为发送区的选择、接收区的开发密度限制、突破限制为开发商带来的预期收益、密度奖励和基准分区规划是发展权需求的决定性因素（Field and Conrad, 1975; Machemer et al., 1999; Tavares, 2003）。土地发展权市场中，要实现充分有效的需求，应该考虑两个变量：降低密度分区的程度、发展权单位与开发密度单位之间的转换比率（Field and Conrad，1975），还可以通过信贷或保护税来刺激发展权需求（Panayotou，1994）。

除此之外，有学者通过实证研究发现，规划为高开发密度的地区对发展权的需求并没有设想得那样高（Small and Derr，1980），其需求远远低于规划为低开发密度的地区，这一现状导致了发展权市场的需求不足（McConnell et al.，2005），这也是发展权转移项目面临的主要困难之一。Heimlich 和 Anderson（2001）通过对发展权购买案例进行研究认为，需求方要决定保护质量好、数量较少且开发压力大的农用地，还是保护质量差但数量多的农地。Kopits 等（2005）通过利用马里兰州卡尔弗特县的发展权数据建立理论模型，发现基准分区是创造发展权市场需求的一个关键性因素。此外，环境限制和基础设施的完善程度也是影响发展权需求的重要因素。Kaplowitz 等（2008）通过对美国发展权项目的分析发现，半数以上的发展权项目规定发展权只能用于住宅用途，只有极少数项目允许发展权用于工商业用途。因此，开发商对住房的强劲需求也是产生发展权需求的关键条件，其与项目成功之间存在统计显著性。McConnell 等（2006）认为，开发商创造多少建筑面积以实现利润最大化，主要取决于影响收入和发展成本的变量、允许密度的分区规定、是否有发展权和有多少发展权可以购买等因素。McConnell 等（2009）提出发展权的实际购买数量取决于基准分区规划、消费者偏好、不同住房类型的市场条件、居民对高密度发展的意愿和能力等因素。

中国国内学者对土地发展权市场的研究主要集中在耕地保护补偿、地票交易等方面。张安录（2000）认为，农地保护可以保障农副产品的稳定供给、保护生态环境和维护生物多样性，可转移发展权的供给价格随土地生产力的增加而上升。保护区外土地所有者的需求取决于对农地保护的全面评估和对土地追加额外开发的愿望，其支付意愿与土地开发者的教育程度、收入水平、环境意识等因素相关。高波、张鹏（2013）认为，可以通过地方政府组织开发复垦，或通过建立地方土地发展权储备银行的方式，用于土地发展权的供给。

汪晗等（2011）通过对武汉市洪山区供给区域和需求区域的情况分析，构建开发量预测模型，开发量的影响因素主要包括开发强度、需求区与供给区的面积。当供给区域与需求区域都设置在开发压力较大的地区时，发展权转移项目实施的成功率较高。文兰娇、张安录（2016）认为，地票供给方集中在渝东北或渝西南地区，地票需求方多为城市中心区。供给区的土地价格较低，需求区的土地价格较高，离市中心的距离是主要的影响因素。李效顺等（2011）通过对江苏、安徽、辽宁以及南京、盐城三省两市的调查分析后发现，决定土地指标区域交易规模以及价格存在差异的主要因素包括：区域的资源禀赋、发展水平的差异，以及完善市场机制的主观态度。尽管调查显示，92.3%的国土部门工作人员有积极的供需意愿，但指标交易仍然很难达到供需均衡。

2.2.3　发展权价格

2.2.3.1　发展权价格及其影响因素

在理论研究中，可转移的发展权市场中通常的工作方式是，政府决定总体住宅发展的最大数量，并向土地所有者分配许可或发展权，政府作为发展权市场的参与者，会影响发展权的均衡价格和数量（Mills，1989）。

Thorsnes 和 Simons（1999）用一个简单的市场模型来分析发展权市场运作。假定土地所有者会选择出售地块给出价最高者，特定地块的出价取决于该地块的特征（如土壤质量、排水系统等）及这些特征的使用价值。此外，分区对于发展权市场价格的影响取决于其是否提高了外部效益。Conrad 和 LeBlanc（1979）认为，发展权持有者的数量较少、需求很大时，可以实现发展权的高价格，此时投机成为一个问题。发展权的高价可以保证保护区土地所有者"公平补偿"的优势，但可能会增加发展成本，最终通过增加住房价格由开发商向消费者进行传递；也可能形成部分地区房价和开发密度都上升的局面，最终导致交通拥挤和环境污染（Tavares，2003），这种情况是值得关注的。当发展权数量很大、需求很低时，发展权所有者将决定持有发展权并等待发展压力的增加，该情况会增加少量土地所有者的困难。针对以上情况，可以通过发展权银行购买发展权，允许土地所有者克服财政压力和公平销售发展权。Conrad 和 LeBlanc（1979）认为，理论上讲，如果高密度建筑的边际收益大于边际成本，开发商将参与交易，然而，最优价格是很难实现的。Menghini 等（2015）考虑瑞典的特殊国情，提出在代理仿真模型（Agent-Based Model，ABM）的基础上建立发展权市场，并通过四种不同的方式进行仿真模拟，结果表明发展权价格与瑞典现有的土地价格相当。

中国国内学者大多认为，土地发展权价格包括三种：①土地变更用途后，由土地用途价格差异造成的土地预期纯收益的增量（王小映，2003；孙弘，2004；刘贺坤，2015）；②土地利用强度改变之后产生的价格差；③社会经济发展和土地利用规划导致了土地区位改变而产生的价格差（祝平衡，2009）。臧俊梅等（2008）认为，农用地维持耕种而失去变更为建设用地用途的机会成本即为农地发展权的价值。张鹏、刘春鑫（2010）认为，不受管制条件下自由交易形成的价格与受管制条件下形成的价格差值，即为土地发展权价格。高波、张鹏（2013）认为，土地发展权的价格是由政府设定的非农土地开发密度决定的，其大致分为三种：①价格下限。由土地发展权供给者根据土地开发复垦整理成本加上利润给出最低价。②保留价格。土地需求者根据企业对土地边际收益的评价和估算得出愿意支付的最高价。③实际交易价格。

孙弘（2004）指出，土地用途、区位和容积率是影响土地发展权价格的三个因素。此外，农用地价格、建设用地价格、城镇土地供需矛盾等是影响农地发展权价格的因素（范辉，2006）。李庭芝（2012）通过实证分析认为，政府的配额管理、对指标交易谈判的参与都会影响交易价格。高波、张鹏（2013）认为，决定土地发展权价格的影响因素包括国家初始赋予的土地发展权、市场的实际利率、资本成本、地租增长率和地块发展潜力。除了上述影响因素外，土地利用强度、土地利用规划也会影响土地发展权的价格（张婷婷，2014）。

2.2.3.2　发展权价格评估方法

国外学者对土地发展权价格的评估方法主要有以下三种：

（1）土地发展权含义定价法。土地发展权价格等于土地用途转移之后的价值扣除土地转移前的价值和转移成本。基于土地最佳利用原则，Chavooshian 和 Norman（1973）、Nickerson 和 Lynch（2001）提出了土地发展权的用途转化模型。其中，Nickerson 和 Lynch（2001）区分了开发未受限制和开发受到限制的农地价格。根据资产定价理论，开发未受限制的农地市场价格应包括未来期农业回报的折现和转为非农用途的选择权价值两个部分；开发受到限制的农地市场价格只反映农业使用价值。Kline 和 Wichelns（1994）提出的测算农地发展权价格公式为

$$V_i = \beta_0 X_{i1} \beta_1 \exp\left[\sum_{j=2}^{n} \beta_j X_{ij}\right] \qquad (2-1)$$

式（2-1）中，V_i 是第 i 宗农用地的发展权价格，X_{i1} 是第 i 宗农用地发展权价格的第一个影响因素，X_{ij} 是第 i 宗农用地发展权价格的第 j 个影响因素。通过对公式两边取自然对数，求得各要素的相关系数（β_j）。用获得的 β_j 值来评估某宗农用地的发展权价格。

（2）土地发展权的非市场定价法。Plantinga 和 Miller（2001）以特征价格法为基础，通过选取距离、人口等对发展权价格产生影响的各种因素，根据对各影响因素的量化分析，采取合适的函数形式测算出发展权价格，该方法主要在缺乏发展权交易价格数据的情况下使用。

（3）土地发展权的假设市场定价法。Blaine 等（2003）以条件价值评估法为基础，以反映消费者对物品的偏好来估算土地发展权价值，这种方法适用于估算整片土地的土地发展权价格，但其准确性易受到问卷设计的信度、受访者等多方面因素影响。

目前，中国国内学者常用的土地发展权定价方法是以建设用地价格扣除农地经济产出价值进行估算。周建春（2007）认为，耕地发展权价格即为耕地外部性价格扣除国家粮食安全价格和国家生态安全价格。祝平衡（2009）提出了在两种不同情况下的土地发展权价格公式。

（1）改变土地用途时的土地发展权公式为

$$\Delta V = \int_0^\infty e^{-rt}[h(t) - f(t)]dt \qquad (2-2)$$

式（2-2）中，ΔV 为改变土地用途时的土地发展权价格，$h(t)$ 为不同用途（商业、住宅、工业）的年净收益，$f(t)$ 为农用地的土地净收

益，r 为净收益折现率，t 为获取土地净收益的年限。

(2) 改变土地利用强度时的土地发展权公式为

$$\Delta V = \int_0^\infty e^{-rt}[k_1 - k_2]dt \qquad (2-3)$$

式 (2-3) 中，k_1 为容积率高时对应的土地年纯收益，k_2 为容积率低时对应的土地年纯收益，其他变量同式 (2-2)。

孙弘 (2004) 以特征价格法为基础，提出土地发展权价格的公式为

$$d = d_b + (fk - f_0 k_0)(b - l) \qquad (2-4)$$

式 (2-4) 中，d 是土地发展权价格，d_b 是城市边缘土地进行城市开发的发展权价格，f 是容积率，k 是每公里年度交通费，f_0 是现状容积率，k_0 是现状容积率下的每公里年度交通费，b 是城市中心到城市边缘的距离，l 是不动产到城市中心的距离。

臧俊梅 (2007) 提出农地发展权价值等于农地改变用途时的市场价值减去农业用途时的市场价值，并在农地价格评估与建设用地价格评估的基础上，提出了七种农地发展权价格评估方法，分别为传统评估法、外部地价法、两步法、"政府指导+市场定价"法、完全市场定价法、市场比较法和成本定价法。

汪晗等 (2011) 根据资产评估中的收益法，建立农地转换用途和土地转化开发决策的农地发展权定价基本模型；通过对研究区域的数据测算，得出至商业中心驾车时间是农业发展权价值最为显著的影响因素。邱继勤和邱道持 (2011) 认为，土地发展权价格是复垦地块建设用地价格与复垦地块农用地价格之差。其中复垦地块建设用地价格可借鉴国有建设用地价格评估的原理和方法进行测算；复垦地块农用地价格可借鉴三条技术路线进行测算：农用地承包经营权流转价格测算方法、农用地征收补偿安置费测算方法和农用地定级估价测算方法。任艳胜 (2009)、黄滟 (2012) 和汪晗 (2012) 以条件评估法为基础，通过实证研究分别测算了相关研究区域的土地发展权价格。刘贺坤 (2015) 在测算了土地发展权转移的机会成本损失、粮食盈亏量折算的土地面积之后，得出土地发展权价格测算模型。

除此之外，有学者提出我国的耕地异地代保、新增建设用地指标交

易等地方实践，缺乏合理的市场交易机制，现实中形成的交易价格是需求方与主要负责人私下谈判形成的交易价格（李效顺等，2011；王婷，2012）。

2.3 发展权转移制度的应用

20世纪60年代，发展权转移制度最初作为一种历史保护工具出现在美国，目前，基于服务范围广泛的规划目的被用于美国的239个社区（Nelson et al.，2012），并已被证明是一个持久的、有弹性的规划工具（Chapin，2012）。近年来，澳大利亚、加拿大、法国、德国、印度、日本、意大利、新加坡、巴西、新西兰等也开始研究和引入这一规划工具（Gibson，1996；Tavares，2003；Chomitz，2004；汤志林，2006；Renard，2007；张俊等，2008；Henger and Bizer，2010）。发送区的土地允许出售发展权后，将获得永久保护（McConnell et al.，2006），而且发展权转移制度可以为放弃发展潜力的土地所有者提供经济补偿（Greaskamp，1976）。多数学者认为，土地发展权制度可以有效弥补分区管制政策的低效（Costonis，1973；Barrows and Prenguber，1975；Barrese，1983），实现土地保护（包括农用地、公共空间、历史遗迹、环境敏感区等）、低收入者住房安置、土地开发和鼓励再开发、合理分配土地收益、抑制分区规划的蔓延效应、促进整个地区总体发展等目标（Pfeffer and Lapping，1994；Levinson，1997；Adams，1997；Thorsnes and Simons，1999；Wall and McConnell，2007；Kaplowitz et al.，2008；Linkous and Chapin，2014；Linkous，2016）。

2.3.1 历史古迹保护

发展权转移制度的应用可追溯到1968年纽约的标志性建筑保护法案，为消除土地管制造成的不公平与寻求保护古迹的路径，纽约市通过容积率转移的方式，将中央火车站所在地块上无法使用的容积转移到周边地块进行更高强度的开发（Richards，1972），古迹土地所有权人因此获得补偿，并达到古迹保存的目的。截至2000年4月，这项计划已经保存了12个地标，纽约中央火车站共转移了448000平方英尺的建筑面积。此外，在1969年纽约市南街港项目中，由于南街巷面临债务问题，纽约银行获得了该建筑物上未使用的容积率的所有权，并以更高的价格出售给周边的办公区，使南街港得以恢复，成为纽约市的旅游胜地。

1985年，美国加利福尼亚州洛杉矶市使用了三种不同的转移机制：第一种机制是为了实现城市设计目标，计算最大密度时，允许临近的所有权被视为一个所有权。第二种机制被称为指定建筑工程条例，用于保存和恢复作为一个包含了五个独立建筑并超过300万平方英尺建筑面积的中央图书馆。1975年，洛杉矶市采取发展权转移机制实现了中央商业区重建计划，该计划于1988年进行修订，具体规定了超过5万平方英尺的转让计划会使住房、开放空间、历史保护、文化及社区设施的公共交通得到改善。第三种机制用于350万平方英尺的接收区项目。由于地标被破坏很难修复，美国加利福尼亚州旧金山通过了一个在市中心指定253座历史地标的发展权转移项目，该城市审核了14个发送区和10个接收区，批准了超过50万平方英尺的转移面积，业主可以通过限制他们的产权，或者将分区允许的最大楼面面积与实际楼面面积之间的差额进行转移，这是唯一可以改变密度限制的方法，该项目是旧金山最成功的发展权转移项目之一。此外，美国科罗拉多州丹佛市的纳瓦拉建筑、丹佛体育俱乐部、共济会建筑都是通过发展权转移项目而获得永久保护的（Pruetz and AICP，2003）。作为历史建筑的日本东京车站也在发展权转移之后获得保护，并在发展权接收地区推广高密度建筑（Chorus，2008）。

Li（2009）通过研究现有的物业发展管制对文物建筑的影响，以及发展权在中国香港地区的应用条件，来审查发展权转移是否可以应用于中国香港地区。结果表明，发展权在中国香港地区的应用看起来充满希望和前景，并可以通过发展权转移的方式对文化建筑进行保护。有学者指出，由于私营业主对投资收益最大化的期望和能力以及缺乏财政奖励，造成私人业主在文物建筑保护中的缺位（Chu and Uebergang，2002）。在建筑规则及法定城镇规划的前提下，放宽最大地积比率和地点覆盖范围，当启动发展权转移项目时，应将重点放在建筑物的价值上，以负担得起的代价进行保护。

政府也应考虑将私人业主的发展权转移到公共开放空间,并通过发展权转移,给予业主丰厚的补偿及历史建筑重建的机会(Chan and Hou, 2015)。

2.3.2 生态敏感区保护

Pruetz 和 AICP(2003)通过研究发现:①美国佛罗里达州科利尔郡为了鼓励保护环境敏感地区,于 1974 年提出了土地发展权转让综合计划,并于 1997 年完成了土地发展权转让项目的规定修订。其规定生态敏感区内的土地一律禁止开发,可将该区域的发展权部分或全部转让,且对接收区做了严格要求。由于该项目在推进过程中遭到许多阻力,政府通过发布政策战略并追加一系列的补偿措施,才使项目顺利执行下去。该项目对很多珍贵的自然资源进行保护,并对适宜建设地区增加开发密度使其得到更好的发展。②美国佛罗里达州戴德县有超过一半的土地属于沼泽地,几十年来,人们认识到人为活动正在减少沼泽地补充地下水和履行其他各种环境功能的能力。1980 年,沼泽地区管理计划拟订,该计划认为,湿地保护是佛罗里达州戴德县和沼泽地国家公园提供淡水的关键,保护沼泽地对于防洪、商业渔业、娱乐、野生动物栖息地、公共事业和公共服务的有效供给是十分必要的。1981 年,戴德县综合发展总计划指定为发送区的东部沼泽区将可分离的使用权(Severable Use Rights, SURs)转移到城市边界线内未合并的接收区。到 2001 年,戴德县通过利用发展权转移制度保护了沼泽地共 242 平方英里。③美国纽约的长岛松林地区包含濒危的需要特别关注的植物和动物物种。该地区面积从最早的 250000 英亩减少到 100000 英亩。1995 年,三个城镇和萨福克县采取了州资助计划,旨在通过发展权转移项目及其他机制保护该地区。到 2001 年,315 英亩土地获得永久保护。④1979 年,加利福尼亚海岸委员会通过了发展信用转移项目,旨在废除圣莫妮卡山区数千个不合格的地段,这些地段的发展将进一步影响水质、野生动物栖息地和基础设施系统,并使更多人面临洪水和滑坡灾害的潜在危险。土地保护局为发展信用收购提供资金,允许其进行收购。到 20 世纪 90 年代中期,该项目永久限制了 924 个不合格地段。⑤加利福尼亚州圣路易斯—奥比斯波县自 1980 年开始利用土地发展权转移制度保存坎布里亚的松树栖息地，鼓励发送区土地所有者不在陡峭的海岸斜坡上建造房屋，将自己的土地发展权出售给圣路易斯—奥比斯波县的土地保护局，由土地信托授权管理这个项目，土地保护局再将发展权卖给想要高于基准分区规划允许的建造面积的土地所有者。保护局发展权银行的资金来自加利福尼亚海岸保护委员会的贷款，保护局的周转基金在原始基础上翻了一番，同时保护了230块土地。⑥1987年，美国塔霍地区规划局为保护独特的太浩湖流域生态，采取了四种转移机制，建立土地覆盖转移项目，太浩湖流域高度敏感的土地发展受到严格限制，土地所有者可以将其土地使用权出售给合适的接收区，接收区的土地所有者可以从发送区获得他们建立或扩展所需要的覆盖权。塔霍地区规划局项目是美国范围内最有效的项目之一。

2.3.3 开敞空间保护

Wolfram（1981）研究发现，美国华盛顿州金县是一个典型的仍保有耕地的县，它有一个不断增长和充满吸引力的城市中心——西雅图，却遭遇农业和开敞空间的急剧下降，并认识到城市的发展是造成耕地面积下降的原因。1945年，金县拥有165000英亩的耕地，到1978年，减少到了45000英亩。金县在1964年将耕地保护作为综合计划里一个重要的优先事项，但直到1976年才开始积极控制耕地损失，这些措施包括发行5000万美元债券用于购买该县耕地和开放空间的发展权，并为农民和其他开发空间土地所有者提供一种利用自由市场进行定价的方法，确保在土地利用公平和效率方面有可能优于分区管制。土地发展权交易实现了林达尔均衡，更有效地保护了开发空间。Pruetz和AICP（2003）的研究显示，美国科罗拉多州博尔德县的农村保护项目是第一个允许跨区协议而不是通过州立法的形式进行的项目。1995年博尔德县和博尔德市政府间的协议实施了土地发展权转移项目，发展权转移计划中的发送区包括农村保护区域和开敞空间区域等，接收区包括商业服务区。到2000年，发展权的平均价格达到了5000美元，3200~4700英亩的土地已经获得永久保护。此外，美国新泽西州将发展权转移制度用于开敞空间的保护。

2.3.4 农地保护

发展权转移项目在早期以保护环境和农地为主（Mabbs-Zeno，1981），根据 Walls 和 McConnell（2007）的研究，马里兰州蒙哥马利县和卡尔弗特县都于 1980 年前后开始进行发展权转移项目设计，这是美国最成功的发展权转移案例。尽管二者方式不同，但项目目标是都永久地保护农田。卡尔弗特县界定的接收区范围比较广泛，包括住宅区和横跨全县的许多农村地区，相比之下，蒙哥马利县的接收区被指定在较小的居民区。截至 2007 年，卡尔弗特县大约有 13000 英亩被保留下来，约占全县所有被保护土地的一半。蒙哥马利县大约有 49000 亩农地获得永久保护。此外，新泽西州松林地综合管理计划创建了松林地发展信用项目，鼓励将保护区、农业生产区和特色农业生产区作为发送区，将发展权转移到区域经济增长较快的接收区，自 1983 年第一块耕地被保护，到 2001 年 8 月，该项目已经保护农地约 31465 英亩。在荷兰的发展权空间项目中，如果土地所有者自愿决定放弃集约化的畜牧业活动，并把他们的土地变成农业用地，开发者可以从他们手中购买土地开发的权利，并支付补偿基金（Spaans et al.，2010）。

中国国内也有学者提出将土地发展权转移制度应用于农地保护，认为土地发展权转移制度的建立不仅有助于保护耕地，增加农民收入，提高农民保护耕地的积极性（臧俊梅等，2007；冯科等，2008；张良悦，2008），还能减轻国家对耕地保护补偿的财政负担（高波、张鹏，2013）。

2.3.5 基础设施保护

根据 Pruetz 和 AICP（2003）的研究，美国加利福尼亚州的丘珀蒂诺市是第一个使用发展权转移允许在保持灵活性的同时，使基础设施适应一定限度内的总体增长的项目。1973 年，丘珀蒂诺市为了维持两个主街道保持在一个可接受的服务水平，要计算在高峰时间出现了多少车辆时就必须进行限行。为了给开发商提供土地用途和强度更具灵活性的方案，丘珀蒂诺市采用了土地发展权转移项目，允许三个独立的发送区将其发展权转移至作为接收区的苹果公司，苹果公司由此获得了较为宽敞的办公区和停车场。此外，意大利达森纳采用发展权转移项目，即绿化带区域所在土地所有者将其发展权（量化为建筑容量）转移至码头区域，市政当局由此获得了 33 公顷绿化带公共用地（Micelli，2002）。

2.4 发展权市场的构建

针对工业化和城市化进程中存在的土地用途配置的竞争问题，发展权转移作为一种以市场为基础的政策工具，实现了土地发展权在自由市场机制下买卖的目的（McConnell et al.，2003）。Sakashita（1998）通过对自由发展、分区管制和引入土地发展权转移三种情况中市场均衡的定量评估，得出引入土地发展权市场可以获得更高的效率的结论。McConnell 和 Walls（2009）提出，要实现土地发展权项目中土地保护的目标，必须有一个稳定的、运行良好的发展权市场。

2.4.1 发展权市场的结构设计

Mills（1980）提出政府将建立正确的允许居住总量，然后向土地所有者发放足够的许可或发展权，并产生发展总量，土地所有者将被允许彼此交换这些许可。Tripp 和 Dudek（1989）认为，发展权市场目标、对技术的关注、法律和制度细节是创造发展权项目所必需的，并提出了八项基本的设计准则，如行政机关必须具有明确的法律权威产生可转让的发展权；发展权市场有明确的目标；可交易的权利具有经济价值；可提供合理公平简单的交易办法等。Johnston 和 Madison（1997）认为，每一个项目的目标都形成了法律设计、制度结构和手段，发展权转移项目的目标是决定法律设计的关键要素。项目设计中包括单一或双重转让区、分区或许可证的决定、许可证或发展权利的估价、公共机构的评估。影响项目设计的因素包括管理机构的权威、交易费用的容许值，以及是否需要调节人。

Machemer（2006）提出配置发展权的两种方法，第一种是先确定地区的未来发展总量，再确定该地区所配置的发展权；第二种是先分配单个发展权，由此确定未来的发展问题。Bratton 等（2008）提出了发展权交易项目机制和分析框架有以下几种形式：买家与卖家的私人交易市场、支持私人市场交易的公共机构、促进买家和卖家的发展权经纪体系、公共或私人的非营利性的实体授权购买与销售发展权的发展权银行、私人投资公司和替代发展权密度费用。

Pruetz 和 AICP（2003）研究发现，可将美国各州的发展权转移项目概括为八种类型：一般环境、特定环境、农田、环境和农田、村落更新、历史性建筑保护、城市设计和振兴、基础设施能力；通过对 142 个美国发展权案例的研究发现，创造一个成功的发展权转移项目并不是仅仅依靠单一的方案，只有具备重要的因素才能产生发展权转移活动。①对保护的支持。首先，即使非常成功的发展权转移项目在最初也很难被采纳，除了通过减少允许密度或增加发展限制使发送区所有者对发展权转移产生兴趣外，社区也通过使用非强制手段来增加发送区所有者对保护的兴趣。其次，开发商是采纳发展权转移条例的重要支持者，他们认为社区非常支持他们对发送区的保护，只要他们购买必要数量的发展权并遵守所有新的分区规划要求，就会获得审核批准。最后，公众支持是成功保护项目的因素。②综合计划实施发展权转移。③发送区发展非奖励因素，包括自然约束、密度限制、发展规则和场外需求。④给发送区域可负担的发展权或充足的发展权分配。⑤最佳的接收区域。要考虑所有潜在接收区域类型，如现有的综合计划、增加的密度、指定的新的发展区域和跨界合作。适合的发展权转移接收区域可以有适当的发展，社区能够接纳并有开发商感兴趣。⑥有效的发展权转移方案。用来确定最大基准密度，或者超出了额外密度需要购买发展权。⑦通过发展权转移的额外密度。⑧发展权被看作一个商品，并通过发展权银行发挥作用。许多社区将发展权作为商品，开发商需要时可以随时购买；发展权银行对于提高项目效率发挥重要作用。⑨监控和项目调整。通过对项目进行监控，社区可以明确他们的发展权转移项目需要调整的地方，这是发展权转移项目成功的关键因素。

Woodbury（1975）提出，发展权项目设计中应解决的问题包括设置转移地域的范围；是否设立工业和商业发展权；公共土地、教堂等土地是否可以分配发展权；如何根据未来发展需求来进行发展权分配。Machemer 和

Kaplowitz（2002）通过实证研究提出，发展权转移项目能否成功的因素包括各州关于发展权转移的法律、参与者、项目目标、开发需求的类型、发展权银行等。Fulton 等（2004）通过对发展权转移项目的经验总结，认为发展权转移项目能否成功的要素包括可行的接收区域、良好的供需平衡、可持续的发送区、土地所有者参与的强烈动机、票据交换所或银行的存在、低交易或行政成本、强大的社区支持。Pruetz 等（2007）认为，影响发送区的成功因素包括发展约束、管制、基础设施要求；影响接收区的成功要素包括综合方法、增量法、组合法、辖区政府间协议；激励因素包括基线密度、奖金密度选择、一致的应用、市场因素、方案调整和差别化的奖金密度。Pruetz 和 Standridge（2008）认为，在一个发展权市场中，发送区提供额外的发展潜力，接收区得到合适的增长；并通过对至少 20 位学者的研究，列出了美国各州保护面积最多的 20 个发展权转移项目案例，从中确定发展权转移项目成功必不可少的十个因素。其中对奖励开发的需求和确定接收区域是必不可少的要素，严格的发送区条例、较少的发展权替代品和市场激励是非常重要的要素，使用的确定性、强有力的公共保护支持、简单性、便利和公平、发展权银行是有益的要素。Kaplowitz 等（2008）认为，创造发展权项目包括发展权银行，国家授权立法，发起人，目标数量和房地产需求等关键要素。Aken 等（2008）提出，华盛顿项目的成功主要取决于四个要素：确保分区的兼容性、支持市场对发展权转移项目的调整研究、促进发展权交易、考虑软硬兼施的策略。此外，简单性、交易费用也被认为是项目成功的关键要素（Bruening，2008；Karanja and Rama，2011）。

中国国内有学者指出，耕地开发权交易成功与否取决于交易市场的完善程度（吴泽斌等，2009）。洪小翠和楼江（2014）设计了土地发展权的配置程序：①确定土地发展权的量化指标。②确定城市和农村地区的配置比例。③具体配置土地发展权。④完善流转和交易制度。张占录等（2015）提出配置土地发展权时应考虑：①土地用途。确定配置对象为农地。②规划。配置发展权的范围主要取决于土地用途规划，配置期限也应该与规划一致，且土地发展权总量不能大于该区域分配到的用地控制指标。③土地挖潜面积。受区域土地挖潜能力和利用状况的限制，土地发展权配置总量若大于农地或农村居民点的整理潜力，则多余部分无法落地。④土地质量。确定不同质量地块之间的配置比例。应从土地价值最大化和资源有效配置角度出发，优先选择发展权配置较多的土地作为发送区。

2.4.2 发展权市场的构建步骤

Pruetz 和 AICP（2003）提出了一个发展权项目的开展应遵循以下步骤：①建立公民咨询委员会。这个步骤强调让所有利益相关者参与进来。②收集信息。信息可以从社区的总体规划和分区规划，或者从高度复杂的基于 GIS 的有效资源中获取。③建立可供选择的发展目标。④接收公众输入。要求社区根据公众的反映去细化工作并改变最初的方法。⑤建立发送区和接收区。公民咨询委员会提出了发展权转移项目应包括八个重要因素：发送区大小、发送区密度限制、鼓励发送区土地所有者转移发展的激励措施、接收区大小、参与项目之前的接收区密度、参与项目之后的接收区密度、每单位的密度奖励、发展权的供给与需求平衡。⑥建立其他可选择的步骤。⑦选择最佳的步骤。⑧重新定义最佳步骤。⑨环境审查和计划建议。⑩实施。⑪监控发展权转移和整体发展。⑫根据需要进一步细化项目。Bratton 等（2008）认为，成功的土地发展权市场创建应包括政府参与交易过程、接收区对发展权有足够的需求、明确规定土地利用的保护目标、确保项目遵循的法律框架、项目设计的灵活性。随着 GIS 等技术工具的广泛应用，发展权交易项目能为参与者提供信息、跟踪交易、评估发展权供应和需求、模型定价。此外，Chiodelli 和 Moroni（2016）认为，发展权项目转移有三个步骤：①发展权比例分配与发展权创造。其中发展权比例分配有两种标准，一种是按照不同的领域分配不同的发展比率（建筑指数），另一种是对所有土地设置同样的发展比率。②发展权转移。主要有两种机制，一种是纯粹的自由市场机制，另一种是发展权公共银行。③发展权的使用。即当发展权由发送区转移到接收区后，发生在建筑物上的转换。

此外，日本进行的容积移转流程包括：①确定发展目标。②主管机关根据发展权目标，核定总容积，借此控制开发总量。③分配基本容积。④进行容积移转。⑤完成发展目标（林元兴、陈贞君，1999）。

中国国内学者认为，土地指标市场创建应关注的具体问题包括交易主体、指标交易形式和指标交易市场监督机制（陈晓芳，2016）。臧俊梅和王万茂（2007）提出，农地发展权转移市场机制的构建有以下几个步骤：①清晰界定土地产权。②评估并界定农地保护区。③通过立法允许农地发展权转移，进而产生供给。④各地根据实际发展情况，产生需求。⑤形成公平的农地发展权价格。高璇（2012）认为，建立全国性建设用地指标交易市场的实施步骤为：①界定产权。②规划发送区和接收区，形成供给和需求。③构建市场机制，一方面发挥价格机制作用，另一方面体现政府对市场的宏观调控作用。

2.4.3 发展权市场的评价标准

McConnell 和 Walls（2009）认为，如果创造的发展权市场不起作用，这些项目则注定会失败的。建立有效市场的最大障碍之一是发送区或接收区的地方官员并不完全了解房地产市场经济学，出现接收区位于或接近现有城市，基准密度已经达到期望值等问题。较多学者调查了发展权市场的潜力（Buitelaar and Needham，2007；de Kam and Lubach，2007；Geuting，2007），Clinch 和 O'Neill（2010）通过基于价格或基于数量的政策工具，勾勒潜在的政策成果差异，也就是说，由于可转移的发展费用存在不确定性，需要基于分析来确定发展权水平的定量，促进建立一个发展权市场。

Bratton 等（2008）认为，有效的土地发展权转移项目应该具备四个标准：①易于参与。买卖双方是如何相互发现并进行交易的？这个过程是否可行和易于应用？②成本效率易于管理。项目的管理费用为多少？谁来承担费用？公共收益是否大于成本？该机制管理组成有多复杂？③政策执行有效。该机制能否适应实现适度规模保护的交易，并符合理想的土地利用模式？④政治上可行。一般政治支持的替代方案有多大可能？是否能够由多元化利益相关者维持基础广泛的支持？谁会反对该交易机制？

依据项目目标和政治支持的不同，发展权项目在实际操作中分为强制性和自愿性两类。强制性发展权项目要求发送区土地所有者不能超出分区规划限制开发土地,必须将由分区规划降级而获得的发展权出售才能获得补偿;而在自愿性发展权转移项目中,土地所有者被赋予了选择权,既可以选择依原有分区规划开发土地,也可以选择按照分区规划降级之后的密度使用土地,而将多余的发展权出售(Johnston and Madision,1997;Messer,2007)。Machemer 和 Kaplowitz(2002)通过实证研究认为,政府管制较多的土地发展权转移项目比自愿性项目更加成功。此外,发展权市场是否产生效率,主要受到市场类型和交易费用的影响,如果市场一方拥有垄断力,成交数量将大幅下降(Hahn,1984)。如果产生买方垄断,购买者相对来讲会更少且更富有组织性,由此产生的清淡市场问题必然导致交易费用过高(Field and Conrad,1975)。

中国国内学者针对土地发展权市场的实证研究较少,李学文(2009)利用倍差估计模型,探讨了浙江省土地指标交易后对地方经济增长的影响。顾汉龙(2015)通过构建 Logit 模型,对重庆地票的流转行为进行描述。王博(2016)通过运用双重差分法模型、资源节约效果评价模型和经济促进效果评价模型检验了重庆地票政策的实施效果,认为地票市场体系的构建提高了重庆市的土地利用效率。

2.4.4 政府在发展权市场构建中的作用

Bratton 等(2008)提出,无论公众参与发展权交易机制的程度如何,政府都必须为项目运行提供必不可少的最基本的功能,主要包括:①确定有资格参与项目的市场主体。②核定保护地役权并发放证书。③追踪发展权交易,确保交易透明。④实施地役权,监督其符合程序。Stevenson(1998)认为,政府可以在发展权市场的效率提升上起到关键作用,要采取行动减轻交易成本和垄断权利的问题,可通过发展权银行、经纪人等方式为发展权交易提供便利。McConnell 和 Walls(2009)以美国卡尔弗特县为例,提出地方政府通过实时通信为土地所有者提供可获得的价格信息,能在一定程度上稳定发展权价格。当市场较为清淡,买卖双方对发展权价值缺乏信心时,拍卖也是一种有用的方式。地方政府在确保交易费用保持较低水平方面发挥了重要作用。此外，地方政府还能通过干预市场促进发展权价格的稳定（Roddewing and Inghram，1987）。

中国国内有学者认为，政府通过建立和完善相关规则，对土地发展权市场进行干预，具体的干预措施包括：①对土地发展权进行年度分配。②运用财政政策调节土地发展权交易。③以大于1的系数折算基本农田的土地发展权。④采用土地复垦方式储备用地指标，以应对国家基础设施建设和地方公益性用地需要。⑤实施建设用地增减挂钩政策。⑥将土地发展权交易制度嵌入我国征用和土地规划制度中（高波、张鹏，2013）。洪小翠和楼江（2014）强调，政府在交易过程中的职责包括：①引导土地发展权交易价格和交易行为。②形成土地市场运行的法制体系。③市场信息发布和交易管理服务。④市场监管与调控。张蔚文和李学文（2011）分析了"浙江模式"的土地发展权交易之后，认为政府的责任在于根据具体情况设计一种附加产权市场，并保证契约的可信度，而不是干预市场，甚至参与交易活动。此外，陈晓芳（2016）认为，政府要对土地指标市场的运行、指标出让方的耕地保护情况进行监督。

2.5 发展权转移的中国路径

20世纪90年代以来，我国学者开始关注并日益重视土地发展权问题，诸多学者主张将其引入我国大部分地区，并从法学、经济学、规划学等多学科角度做了大量研究和探讨。根据不同学者对发展权的认识及其相应的中国路径探索，本书主要从以下三个方面进行分析。

2.5.1 "财产性权利"路径

有学者认为，土地发展权是一项可以与土地所有权分离而单独处分的财产权（物权），其如果需要在中国"安家"，则理所当然也应作为一项财产权（物权）植入我国法律体系（沈守愚，1998；江平，1999；胡兰玲，2002；孙弘，2004；刘国臻，2007；姚昭杰，2015）；部分学者甚至认为，土地发展权与我国已设置的其他土地权利并不重叠，也不冲突，反而可以弥补我国现有土地权利体系的不足（刘国臻，2007）。

该路径论证的逻辑起点是所有权权能的可分离性，认为我国的土地权利建设未能适应快速城市化及土地大规模立体开发这一趋势，未能反映动态的土地权利设置与保护（姚昭杰，2015）。学者从发展权可以有效保护农地、推进土地权利体系建设、保障农民收益权、维护国家利益等方面阐述了中国设立发展权的意义和必要性，并形成较为统一的认识（沈守愚，1998；刘国臻，2008）。

对引入发展权制度的立法技术主张，有学者认为，土地发展权应当设定为一项新型物权（姚昭杰，2015），直接在《中华人民共和国物权法》中设置并确立土地发展权的概念、分类、归属、管理体制和法律责任（胡兰玲，2002），或是在《中华人民共和国土地管理法》修订中，加上"设立农地发展权归国家所有。具体办法由国务院制定"的规定（沈守愚，1998）。汤志林（2006）主张设立关于土地发展权的法律条文。张安录（2000）和臧俊梅等（2007）主张在原有土地所有权、使用权、处置权的基础上，增设一项新的权能——发展权，允许土地的发展权与所有权相分离。

大多学者虽然肯定了设置土地发展权的意义，并提出了相应的立法主张，但并未对土地发展权是一项物权的论据进行说明。少数学者对土地发展权的主体和客体有所涉及，如胡兰玲（2002）认为，土地发展权应归属于国家，但刘国臻（2007）认为，土地发展权国有化意味着农民集体或农民失去了土地发展权，且国家作为政治组织，不应作为土地发展权的主体。姚昭杰（2015）运用物权法律关系理论，从主体、客体和内容三个方面论述了土地发展权是一项新型物权。

2.5.2 "增值收益分配"路径

有学者认为，发展权在经济层面直接表现为农地转为建设用地的增值部分（杨明洪、刘永湘，2004；周诚，2007；臧俊梅、王万茂，2007；程雪阳，2014），将发展权等同于土地增值收益。由于土地征收是我国农地转为建设用地最主要的途径之一，发展权进一步表现为征地过程产生的巨大土地增值。该视角注意到发展权转移在国外具有的经济利益分配功能，主张将其引入我国土地征收改革领域（严栋，2008），借此解决政府补偿农民的问题。

该路径的逻辑起点是将发展权作为收益分配的依据（臧俊梅等，2008；朱一中、曹裕，2012），即发展权归属是解决农地转非自然增值分配的关键（周建春，2007）。在我国的土地用途管制框架下，政府通过非公共利益性质的征地行为，获取了绝大部分农地非农化增值收益（黄祖辉、汪晖，2002；陈柏峰，2012），这一收益分配格局压抑了集体土地所有者的土地发展权，给集体土地所有者带来了损失，引发了农民各种形式的抗争（杨明洪、刘永湘，2004）。因此，有学者认为，农民应享有农地发展权，并主张将发展权引入征地补偿机制，提高补偿标准。

相关学者对于发展权及其增值收益分配有两种主张。

第一种主张认为，发展权是土地所有权人的一项固有产权，是土地所有权权利束中的一种基本权利，集体对其所有土地应当拥有发展权（许恒周，2005），政府压抑或剥夺了农村土地发展权，就是损害了集体土地所有者或使用者的利益（杨明洪、刘永湘，2004），这并不合理。对于非公共利益性质的征地项目，农地征收除了支付集体土地所有者土地所有权价格外，还应当对土地发展权予以补偿（黄祖辉、汪晖，2002；戴中亮、杨静秋，2004；郭熙保、王万珺，2006），参照被征地的现用途而非原用途进行全额补偿（蔡继明，2004）。

第二种主张认为，发展权是国家和土地所有权人共享的产权，征地过程产生的增值收益应兼顾各方利益，在两者之间进行公平分配（周诚，2003；臧俊梅、王万茂，2007，王顺祥等，2008；钱凤魁，2015）。

从增值收益的最终归宿来看，上述两大主张之间并不存在实质性差异，大部分主张发展权增值收益归土地所有权人的学者仍然同意政府可以以土地增值税的形式将其重新返还给社会（黄祖辉、汪晖，2002）。当然，不同的配置方式对于失地农民增值收益的分享程度存在一定的影响，但总体而言，农民的补偿费用有增无减（刘思斯，2014）。

不同学者对土地发展权的分类方式的不同，造成土地增值收益分配方式的差异。朱一中、曹裕（2012）的基本思路是在农地非农化过程中，农地发展权的价值应补偿给农民，市地发展权产生的价值应由政府收回作为公共资财使用。程雪阳（2014）提出，在土地征收过程中，应该通过"承认土地发展权+市场价格补偿+合理征税"机制，实现合理的土地增值收益分配。此外，还有学者提出，对于目前相关制度忽视的大田农民的土地发展权，应该在现有的农业补贴之外，专门增加一项"土地发展权补贴"，按面积进行发放（陈柏峰，2012）。

2.5.3 "规划与管制弹性工具"路径

有学者认为，发展权是政府利用经济诱因，将私人土地利用行为引入公共政策目标的运行轨道，作为实现规划与管制的市场取向的弹性改进手段，有学者主张将其引入我国土地管理政策（谭峻等，2004；丁成日，2008；靳相木，2009；汪晖、陶然，2009）。该路径论证的逻辑起点是行政管制缺乏对市场经济条件下动荡复杂环境的适应能力，如何改善规划与管制的弹性和适应性，我国需要在土地制度框架下引入发展权转移制度作为规划管理的一个市场性政策工具，借以实现中国土地用途管制、农地非农化管理和耕地保护制度的市场取向改进（靳相木、杜茎深，2013）。

在引入发展权转移制度的具体主张中：一种是沿用美国发展权转移的模式，将其引入我国土地利用规划和城乡规划的实施过程中，以促进规划公平而有效的实施。刘新平、韩桐魁（2004）提出在我国生态环境保护计划中引入发展权转移的具体制度设想。田莉（2007）认为，控规直接界定了土地的发展权，主张控规的改进思路是尊重发展权基础上的市场化。郭湘闽（2007）主张引入发展权转移制度缓解规划实施中的利益冲突。黄莉、宋劲松（2008）认为，城乡规划的核心任务是高效实现和公平地分配发展权，主张将发展权转移引入城乡规划体系。林坚、许超诣（2014）提出城乡规划要更加重视土地发展权和各方利益，维护居民土地发展权不受侵犯，从而提高规划的可实施性。另一种是从土地公有制特殊国情和既有的本土案例出发，将发展权转移的理念植入我国农地非农化开发管理体制，以对刚性土地配置的方式进行市场取向的修正。有学者提出，浙江省出现的"折抵指标有偿调剂""基本农田异地代保"和"易地补充耕地"

即为本土的发展权转移与交易模式（谭峻等，2004；张蔚文等，2008；汪晖、陶然，2009）；有学者认为，异地代保在权利内涵上更接近"污染物的有偿交易"（屠帆等，2008）；有学者主张将构建新增建设用地指标区际流转模式作为发展权中国化的途径，并提出以项目的方式应用和实施（沈子龙，2009；靳相木、沈子龙，2010）。此外，还有学者认为，重庆地票交易、增减挂钩指标交易也是土地发展权转让的市场化创新探索（邱继勤、邱道持，2011；郑俊鹏等，2014；边振兴等，2016）。

2.6 简要评论

（1）国外学者对英美法系下发展权及其转移的性质和形式都是有共识的。在英美法系财产法的背景下，学者普遍认为，发展权是一种可以从权利束中分离出来，并在市场上进行流转的权利。发展权转移是通过被指定为发送区的土地所有者将其发展权转移到被指定为接收区的另一块土地上，使之获得更大的开发强度，而发送区的土地在出售发展权之后将受到严格的开发限制。土地发展权转移为解决传统分区过程中产生的"暴利—暴损"困境，开始作为一种创新的土地利用工具，被应用于不同的国家和地区，且在不同国家的体制环境下具有不同的表现形式，其他国家（地区）对发展权的认识及应用的表现形式对本书有所借鉴。

（2）国外学者普遍认为，发展权的市场结构是一个人为创设的市场，由政府建立和维持，并由政府主导发展权市场的基本运作，界定开发管制目标，根据既有的基础设施条件、开发密度等，评估开发潜力，并结合社区意愿来明确发送区和接收区；然后通过市场机制，不断校正发展权的供给与需求，更优化地配置发展权。国外尤其是美国各州积累了大量的成功案例，并围绕着发展权产生的制度背景、市场结构以及发展权制度的应用等展开了大量并富有成效的探讨，对我国认识并理解发展权市场结构及运行规律有重要的启示作用。

（3）美国的发展权转移均以项目的形式推进和实现，一事一议，每一个完整的发展权转移项目都包括发送区、接收区、基准分区规划、分配比例、密度奖励等要素,都有一套规则,每个实际案例因地区不同、项目目标不同,建立的发展权市场也是独一无二的。美国在土地分区管制中引入产权和市场的激励约束机制,形成一套系统的土地发展权(包括发展权转移和发展权购买)技术和管理规程,无论是发展权市场结构设计,还是发展权市场创建步骤和评价标准,都有一套较为成熟的体系。不同国家或地区基于不同的制度背景,将土地发展权转移制度应用于历史古迹保护、自然资源保护、农地保护等,且作用显著。

(4)中国国内学者对土地发展权转移的中国路径探索莫衷一是,有不同的见解,甚至存在对立、冲突、混乱等情况。"财产性权利"路径认为,发展权是一项与土地所有权分离的财产权,主张将其植入我国法律体系;"增值收益分配"路径认为,发展权是农地转为建设用地的增值部分,主张将其引入我国土地征收改革领域;"规划与管制弹性工具"路径认为,发展权是一种规划与管制的弹性工具,主张将其引入我国土地管理政策。《中华人民共和国立法法》第八条规定,民事基本制度只能制定法律,而不能通过地方性法规创设发展权。既然"财产性权利"路径认为发展权是一种财产权,那么就不能通过行政法规或地方性法规的方式对其予以创设,但"增值收益分配"路径又试图通过地方政府制定农用地征收管理办法等形式实现发展权转移,两者在逻辑上是存在冲突的。发展权转移的中国路径分歧的根源在于,目前国内学者对发展权的界定并没有形成统一的认识。在我国现行的制度体系与框架下,土地发展权市场的功能和定位并不明晰,研究较为薄弱,还需要进一步讨论总结;土地发展权如何作为一项政策工具应用并产生作用,以及土地发展权运行机制与国内各项制度之间如何协调与衔接都还没有深入系统的探讨。

根据现有研究的进展和空白,本书拟从管制配额的视角,探究和厘清土地用途管制制度体系下土地发展权的本质及表现形式,并将其作为本书的基础和前提。如何将土地发展权市场引入我国现有的土地用途管制框架,探索土地发展权转移机制设计的不同技术路径是本书的应用目标。

3 两大法系的发展权形式及特点

当前,世界各国法律制度体系主要有英美法系(Anglo-American legal system)和大陆法系(Continental legal system)两大阵营(叶秋华、王云霞,2008),二者最主要的差别在私法领域。英美私法主要由财产法、侵权法和合同法构成,而大陆法系将财产法律分为物权法和债法,二者在私法领域中最大的差别在于财产法与物权法(谢增毅、冉昊,2006)。鉴于英美法系和大陆法系的财产制度存在重大差别,本章拟通过分析土地发展权在两种不同制度框架下、不同权利体系中的位置,准确把握两大法系国家(地区)的发展权形式及特点。

3.1 英美法系的土地发展权

美国的财产法隶属英美法系,而土地发展权嵌于美国财产法的制度环境中,芝加哥大学科斯(R. H. Coase)、波斯纳(Richard Posner)等学者创立的产权经济学也是在财产法中产生的。权利束范式(the bundle of rights paradigm)是研究和准确把握土地发展权的恰当工具,本节拟从基本结构、特征等方面对英美法系的权利束范式进行归纳总结,进一步识别该权利束范式下,英美法系国家(地区)发展权的表现形式及特点,并对英美两国的发展权进行比较。

3.1.1 权利束范式

在英美法系财产法中,"property"是一个最基本的概念。1925年英国的财产法案对"property"的定义是,"包括任何权利动产和任何对于动产和不动产的法律上的权益"。《布莱克法律词典》对"property"的定义是,占有、使用和享用某一特定物品的权利或该权利所指向的对象。由于存在法律传统的差异,英美财产法中普遍采用"财产"的概念,较少使用"物"的概念(马俊驹、梅夏英,1999)。《美国财产法重述》将"property"定义为围绕着某一事物(thing)所发生的人与人之间的法律关系,"thing"可以是一个有形存在的标的,[①]也可以是无形的标的。[②]《加利福尼亚州民法典》第654条认为,"property"是"thing"的归属,即一个人或多个人排他地对其进行控制和利用的权利。[③] 第655条规定了可归属的对象"thing"包括所有无生命的、可被独占或被实际交付的事情(things);所有的家畜;所有的债(obligations);劳动或技艺之产物,如作者的作品、商誉、商标和标识;立法创立或授予的权利。[④]

英美财产法的分类结构,[⑤] 如图3-1所示(高鸿钧等,2011),其中,property被分为real property和personal property,[⑥] 这一分类得到英美学者的广泛认可(F. H. 劳森、B. 拉登,1998)。美国学者约翰·G. 斯普兰克林(2009)将real property界定为土地上的权利,以及附着于土地上的物的权利,如房屋。Personal property则是土地以外的其他财产,包括有形的动产和无形的动产,有形的动产如汽车等;无形的动产如股票、知识产权等。[⑦]

[①] 英文中的"thing"一词既可以指财产关系中的物,也可以指不属于财产关系的物。英美法财产关系的标的物与中国《物权法》中的物概念不同(F. H. 劳森、伯纳德·冉得,曹培译,2009)。

[②] Restatement of Property (1936)。

[③] *California Civil Code*, s. 654。

[④] *California Civil Code*, s. 655。

[⑤] 这个分类并不是property的唯一分类方法。

[⑥] 18世纪初之后才开始在普通法中频繁使用"property"这个概念,此前更常用的可能是possessions和estate(高鸿钧等,2013)。

[⑦] 知识产权包括专利权、版权、商标权等。

3 两大法系的发展权形式及特点

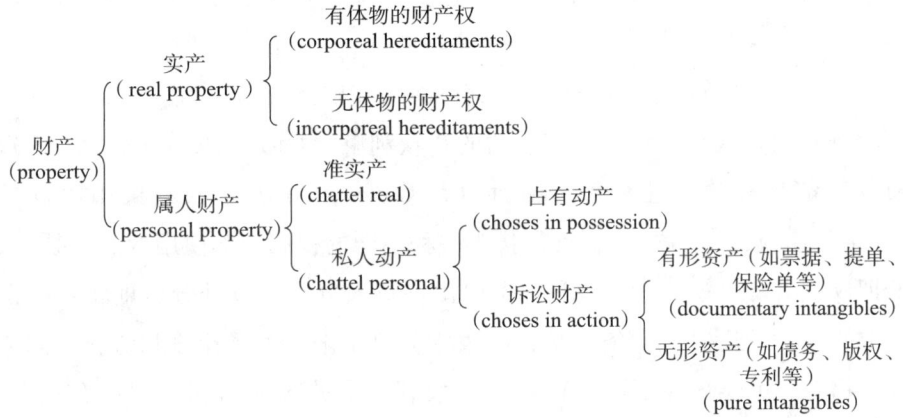

图 3-1 英美法系财产分类结构①

英美财产法根据不同的领域、不同的对象制定各种法规或法案，并没有形成统一的体系。美国各州会制定一些财产法的法规，但各行其法，并没有形成一部完整的法典。如美国《加利福尼亚州民法典》将财产法作为法典中的一部分，有些州在其法律体系中有关于财产法的门类，但只是一些法律汇编，有些州甚至连法律汇编都没有。英国于 1925 年制定的《财产法案》（*Law of Property Act*）主要以不动产权利为核心，与之相关的还有房地产管理法案（*Administration of Estates Act*）、《土地登记法案》（*Land Registration Act*）等（李亚虹，2005）。

在英美财产法中，财产权具有排他性和私有性。其中排他性意味着：①财产所有人可以对其拥有的各种权益进行支配。即只要他愿意，什么都可以做。②其他人可以做什么。即除非得到财产所有人的允许，否则其他人什么都不可以做（Lawson and Rudden，2004）。财产权的排他性同时意味着财产所有人不能与他人分享，是针对"世界上任何其他人的"（权利的"对世性"）。正因为财产权具有排他性，人们才能对其所拥有的财产产生安全感。财产权的私有性意味着，可以使拥有私有财产的人更加"独

---

① 原作者认为，因绝大多数术语很难在汉语中找到内涵完全对应的词语，此处未将术语翻译成中文。文中翻译主要参照以下相关文献（赵廉慧，2003；F. H. 劳森、伯纳德·冉得，施天涛等译，1998）。

立"，可以使拥有私人财产的人自由地使用和控制自己的财产（T. Honore，1996）。

根据财产权的分类以及性质描述，本书将财产权定义为：

（1）财产权是一组与财产有关的"权利束"（a bundle of rights），[①] 每项权利都具有独立性和可分割性（McGinley，2010）。权利束由不同的"木条"组成，每一根"木条"代表一种不同的权利，如使用权、租赁权、抵押权、出售权等，这些权利都可以由产权人分别予以处分，即将某一财产上的一根或几根"木条"从权利束中分离出来，进行让渡和流转。同一标的物上，可能存在不同的产权人，权利束中的各项权利之间没有主次、高低之分，英美财产法对各项财产权利都予以平等保护。

（2）财产权是一种与某一事物的存在及使用有关的人与人之间的关系（菲吕博腾、配杰威齐，1972）。虽然英美法系的财产（property）与物（thing）相联系，但一般而言，法律将财产权定义为"与物有关的人与人之间的权利"，[②] 英美法系财产法通过界定人与人的关系（行为规则）而及于人与物的关系，"物"在英美法系财产法中无足轻重，因此，英美法系的财产权可用"产权＝产权的主体＋主体的权利"这一简单的公式来表达（朱悦蘅、黄韬，2013）。

（3）财产权是一种潜在的经济价值。按产权经济学的经典描述，财产所有者权益（ownership of a piece of property）是一束具有潜在经济价值的权利（a bundle of rights to capitalize on economic potentials）。英美法系财产法中的所谓产权和"经济价值"几乎是同义词，或者准确地说，财产权是与有价值资源有关的人与人之间的关系（relation among people regarding valued resources）（约瑟夫·威廉·辛格，2003）。

[①] 如凯瑟·埃特纳诉美国案（Kaiser Aetna v. United State），载《美国判例汇编》（1979），该判决提及"通常认为是财产的权利束"。但是，权利束的比喻说法受到一些学者的批评。如参见安东尼·阿诺德（Anthony Arnold）：《财产的重构：作为一组权益的财产》（*The Reconstitution of Property as a Web of Interest*），载《哈佛环境法律评论》（Harv. Envtl. L. Rev.）第 26 期第 281 页（2002 年）；汉诺奇·达根（Hanoch Dagan）：《财产的诀窍》（*The Craft of Property*），载《加利福尼亚法律评论》（Cal. L. Rev.）第 91 期第 1517 页（2003 年）。

[②] 此处指广义上的"人"（people），除个人外，还包括经济实体和政治实体。

3.1.2 发展权的特点

"权利束"的概念最早由著名产权经济学家德姆塞茨提出,即"当一种交易在市场中议定时,就发生了两束权利的交易"。对于产权制度来说,完整的产权是一束权利,每一项权利作为整个权利束的一个子系统,又可以被进一步细分(陈孟平,1995)。美国法学家托马斯·C.格雷在《论财产权的解体》(1994)中指出,"不存在包括简单的物品所有权和一般被称作财产权的各种各样的法律权利在内的统一的财产权概念"。依据分析,一方面,个人主义的所有权模式丧失了作为自由平等象征的重要意义,无须固守完整的所有权模式;另一方面,传统以不动产为调整对象的所有权制度,无法为现代财产的新形式和利用提供适当的法律技术调整工具,用权利束概念代替能更好地解释和规范多元化财产类型及其利用形式。因此,权利束是一种包括多个方面权利、特权、权力和豁免在内的综合的法律利益,具体表现在:①财产权利人有占有、使用、收益,甚至是损害其土地的特权,他人无权利要求所有人不能这样做。②他人不具备侵害其土地的权利和义务,也无权处分其土地。③财产权利人可以通过许可、转让等方式,创设他人对于其土地的法律利益,他人因财产权利人的处分行为而享有对于其土地的法律利益(王涌,1998)。

在英美法系财产法框架内,当事人可以循契约自由创设权利束中单一的权利(single right),且该项权利的内容和主体都可以进行创设,每一项权利都具有潜在的独立性和可分离性。如果我们将众多权利看成一把"木条",财产权利人将其中的一根或几根"木条"转让给他人后,仍可以拥有剩余的代表着其他权利的"木条",获得"木条"的他人在此财产上也享有产权,且所享有的产权具有独立性,与其他产权之间完全平等,且各产权人在法律地位上同样平等。

至于财产的权利束中到底包括哪些权利,并没有统一的标准答案。约翰·G.斯普兰克林(2009)认为,权利束中最重要的"木条"包括排他权(the right to exclude)、占有使用权(the right to possess and use)、转让权(the right to transfer)等。理论上,财产权利人可以根据现实需要对权利进行自由创设，土地发展权作为土地上建筑或发展的权利，属于权利束中的一根"木条"，具备权利束中各项权利的潜在独立性（Renard，2007），权利人可以将其从土地的"权利束"中分离，单独进行让渡和流转。因此，英美法系蕴含着将土地发展权作为一项单独的财产权来对待的法律基础。

在美国财产法和产权经济学的视野中，无论是复数的权利束，还是权利束中的单项权利，都是一种潜在的经济价值。就土地所有者权益而言，土地所有者对其土地可以占有、使用、出租、出售和开发等。土地权利束中的固有权利包括采矿，种植林木，从事农业，对地上和地下水、空气的拥有，对土地的开发，以及岸边土地所有者对邻水的利用等。土地权利束中的任何一项权利，都可以从土地所有者身上分离和转让给非土地所有者，但这时的土地仍然是土地所有者的私有财产。

所谓的土地发展权，就是土地权利束中的一项权利，属于土地所有者权益。不过对于什么是土地发展权，美国财产法和产权经济学都未给出明确定义。从美国的发展权转移和发展权购买案例来看，土地发展权主要是指土地所有者将其土地从开敞空间或低密度利用转向高强度利用的权利。此外，土地私有者将其土地从农业用地转换为商业、工业或住宅用地，也是土地发展权的主要表现形式。根据自愿原则，土地所有者完全可以通过协议将土地发展权作为一项独立财产出售给其他人，土地所有者虽不能再自行支配其土地利用强度和方式的变更，但其经济价值得到了实现。特别需要强调的是，在土地发展权交易实践中，作为土地发展权的购买者，虽然买断了某种土地的发展权，但并不能在该宗土地上作实际支配。比如，在发展权购买项目中，地方政府或相关非营利组织并没有取得对土地的现实支配，得到的只是监督土地所有者按原要求利用土地的义务和责任。在美国的发展权转移项目中，接收区所有者取得的所谓土地发展权只是一种建筑许可。

3.1.3 英美两国发展权的差异

土地发展权兴起于英国，除了英美法系的财产权架构外，其还与规划管制对土地开发利用的限制有着密切联系。自中世纪开始，英国政府通过各类法案对建筑物、街道等标准进行规范，逐步管控原本属于财产权人的土地发展权。1909 年英国制定了《住宅、城镇规划诸法》（Housing，Town Planning，etc. Act），以立法形式对城市土地利用进行事先的限制与规划，若规划方案对个人财产造成利益损失，财产所有权人有权向政府请求赔偿。1922 年制定的《城市规划法令》通过事后"迂回"的形式补偿开发者，①在一定程度上将土地发展视为政府赋予开发者的一项权利（巴里·卡林沃思，文森特·纳丁，2011）。1947 年颁布的《城乡规划法》（Town and country planning Act），标志着英国的规划制度正式形成，其以独特的方式明确未来发展的权利国有化。英国规划制度的一个重要特点是规划的基本原则保持不变。此外，英国规划制度的另一个重要特点是，区别于物理发展和土地利用变化，通过规划控制来批准或拒绝规划许可，且每一个发展建议在依法进行之前都需要获得有效的规划许可，没有地方规划当局的批准，就不能进行开发建设。1947 年的城市发展控制是灵活的，通过调用"实质性考虑因素"作为决策的一个标准。②在规划行为中，国家仅仅在公共利益方面处理未来可以发展的权利，从未完全占领。发展权国有化的基本问题是把规划中的一个额外费用（溢价）问题作为发展可以继续的唯一保证（Booth，2002）。

英国主要通过国家立法对产权进行限制，并运用经济手段来调节这种限制。其基本原则是明确的，即所有开发权和开发价值都是由国家赋予的，所有开发都需要得到地方规划当局的许可，并且必须向中央土地委员会支付改善金。1947—1952 年英国所谓的土地"发展权国有化"（nationalising development right）并非彻底地由国家独占发展权，将发展权作为国有财产，而是一种国家控制土地利用的思路，由国家出面解决规划管制导致的"暴利—暴损"困境。如果遵循严密的逻辑，开发价值向

---

① 即在规划方案编制和审查"过渡期"内，开发商可与政府协商并达成协议，凡取得政府许可的建设项目，即使与日后的正式规划不一致，一般也不予拆除，如果确有必要拆除，则可依法获得赔偿。

② 在开发控制过程中，"实质性考虑因素"（material considerations）的概念极其重要。其准确含义是对开发控制的决策起实质性作用的因素，最主要的考虑因素是发展规划。

国家转移就不应当存在赔偿的问题（巴里·卡林沃思、文森特·纳丁，2011），这基于产权人与国家之间较为灵活的协商机制来达到经济平衡。

由于在英美法系诸国没有公法和私法之分，相应地也就没有政府公权力和公民私权利的区别。在美国，虽然没有公权力一说，但政府还是被赋予一种警察权。政府行使警察权的目标是使社会利益最大化，因而基于公益性目的行使警察权可能对一些当事人的经济权利和自由造成负面的影响，但当事人须忍受且无权要求补偿。政府机关可以通过行使警察权，对土地所有者运用权力的活动方式进行限制，在这种情况下，私有财产的经济价值势必受到限制和影响。分区管制是政府行使警察权的最常用形式，因此，土地所有者对其土地权利束中各项可能权利的行使不是绝对的。在政府行使警察权的过程中，由于经常遭到当事人不同程度的抵制，分区管制以及动用征收权提供公共产品的效果常常不如预期。美国的土地发展权制度，无论是发展权转移，还是发展权购买，事实上都是政府引入和借助经济诱因驱动当事人达成政府目标的产物。可以肯定的是，美国土地发展权创新及其制度化，并不是基于完善和保障土地所有者权益的考量，而是期待探索一种市场化的机制来部分替代警察权和征收权。

美国在快速工业化和城市化进程中，面临着农业用地和开敞空间过度向住宅、商业和工业用地转换的难题。发展权购买制度是基于公益性目的，保持土地与农业或开敞空间等既有利用状态（conservation easement）的一种公共政策工具。在一定程度上，发展权购买是征收权的一种柔性的、市场化的行使方式，是引入被征收者意愿的准征收，是对征收权制度的一种替代。与发展权购买制度不同的是，发展权转移制度是政府行使警察权的一种创新。在传统土地用途分区管制下，[①] 土地利用类型及土地开发强度如建筑高度、密度等均须接受警察权的强制性制约，这导致不同区位土地的经济价值遭受迥异影响。土地私有财产权受到不同限制以及由此

---

① 土地（用途）分区管制起源于德国，1891年美国引进这种方法来管制密度和容积；1916年，美国纽约市颁布了第一个综合分区管制规则，土地用途分区管制制度得以正式确立。20世纪20年代，俄亥俄州欧几里得镇开始使用几何分区制（euclidean zoning）来管理和控制土地利用，这是美国到目前为止最流行的分区制。在分区制的管制规则下，一个区内划定了土地利用方式，其他的土地利用方式就被限制了（Whitnall G., 1931）。

产生的社会公正问题，正是传统土地用途分区管制的最大挑战。发展权转移的实质就是引入市场机制，允许土地发展权在土地所有者和土地开发者之间进行移转，从而自动平衡因分区管制造成的利益不均问题。因此，土地发展权转移制度是土地利用规划的一种辅助工具，是土地利用规划实施机制的市场取向创新（靳相木，2007）。

本书通过对英国发展权与美国发展权的分析发现：①二者在法律基础和理论逻辑上一脉相承，都是基于权利束理论将土地发展权从土地权利束中分离，并将其作为一项单独的财产权，可以进行处分和转让。②二者在发展权本质上是一样的，即由传统的分区管制变为积极引导，来解决规划限制土地发展而造成的"暴利—暴损"困境，寻求更好的利益平衡，实现土地有效利用。③英国和美国对于"暴利—暴损"困境的协同方式或解决方式不同，形态有所差异。土地发展权作为土地权利束中的一项权利，是一种潜在的经济价值，原本属于土地所有者权益，英国所谓的"发展权国有化"是由国家将该项权利冻结（frozen），私人所有者只有通过发展权或其他税收形式才能获得有效的发展许可。英国发展权是由国家出面解决和处理未来可发展的权利，通过产权人与国家之间的协议达到经济平衡，但不允许产权人与产权人之间进行交易。而美国则是通过转移发展权的实现方式，由政府主导创设一个土地发展权市场，根据土地分区管制指定项目的发送区和接收区，允许限制发展地区的土地所有人与可发展地区的土地所有人之间进行交易，进而实现土地所有者之间的利益平衡。英美法系国家的土地发展权在理论基础与实现形式上有异曲同工之处，只是在土地发展权概念中出现了分化，美国的土地发展权是在英国土地发展权基础上的进一步发展（如图3-2所示）。

3.2 大陆法系的土地发展权

大陆法系财产权制度的基本框架表现为物权和债权的二元结构，分别

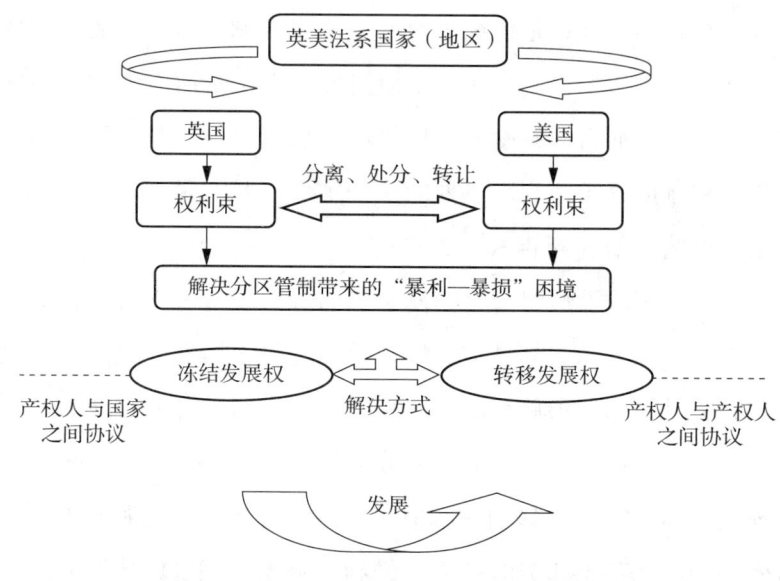

图3-2 英美法系国家(地区)发展权

调整对于物的静态占有和动态流转关系。其中物权包括所有权和他物权,分别是对物的支配权和对世权,而债权只具有对抗特定义务人的效力。物权制度确立了所有权的核心地位,他物权依附于所有权而存在,基于上述框架,本节通过对大陆法系物权范式的分析,进一步识别物权范式下的发展权是什么,以及在不同大陆法系国家(地区)的具体表现形式分别是什么。

3.2.1 物权范式

各国学者对于物权问题的认识存疑较多,且对何为物权这一问题的争论也未有止息。人类社会有真正的物权概念肇始于罗马法时代,但罗马法的全部法律文献中,并未见"物权"一词,只有一些具体的物权概念,如所有权、用益权、役权、地上权等(Max Kaser,1960;船田享二,1985)。罗马法时期的物权观念,是通过对物本身的诉讼来表现权利人对于特定物的归属或追及性(原田庆吉,1954)。1811年,《奥地利民法典》正式提出"物权"一词,该法典第307条规定:"物权,是属于个人的财产上的权利,可对抗任何人。"之后,1896年公布的《德国民法典》将财产权区分为物权和债权，并规定了442项条款的物权制度内容，这标志着自罗马法以来，物权法完成了正式的立法化。随后，日本、瑞士、希腊等大陆法系的国家和地区，在民法典中设立专门的物权编来规定物权制度。

近代物权概念系由所有权发展而来，所有权居于物权体系的中心位置，物权的性质和法律特征往往也是透过所有权而充分体现的（尹田，2004）。所有权的概念最早产生于对物的誓金诉讼中原告所宣称的"物是我的"（meum ess，突出的是与物的具体关系），之后，法学家作品中出现了表示财产归属抽象概念的术语"dominium"（突出物上的权利），① 来指代对于物的一种绝对权。由于大陆法系不同国家（地区）均采用了罗马法模式，可将所有权诠释为一种对物完全的、排他的、专属的、绝对的支配权（Briks，1986；马新彦，2006）。

大陆法系国家（地区）的物权制度注重财产的所有权归属，建立以所有权为核心，他物权依附于所有权的物权体系，是一个"等级"结构，主要体现在：①所有权是他物权产生的基础，他物权来源于所有权，要体现所有人的意志和利益，二者在法律上存在主次之分，所有权优于他物权。②他物权具有一定的期限，所有权人只是暂时将自己的一部分所有权权能让与他物权人，当他物权期限届满，他物权丧失，所有权人即享有完全权能。③他物权的权能不具有独立性，受制于所有权。

根据罗马法各个历史时期续存的所有权和财产归属形式，本节将大陆法系的物权范式总结如下：

第一，所有权体现人对特定物排他性的支配。遵循物权标的物特定原则（又称一物一权原则），意味着一项支配权对应一个确定的物，一个特定的物公示一项物权。同一个物上只能有一个所有人存在，排除他人对特定物的侵害或干预（谢在全，1999；王泽鉴，2001）。"物"在物权法中居于枢纽地位，若没有特定物之存在，物权亦将无从谈起。根据《德国民法典》第90条、第903条规定，所有权的客体只有在有体物的意义上使用（赵廉慧，2003），这意味着仅有体物可以作为权利客体。

---

① dominium 一词出现在罗马共和国晚期，这意味着从有限的家父权转化为对物的完全控制权。

第二，所有权关注的是对物的利用，体现为物上各种权能内容的总体（董茂云，1987）。所有权人依法对自己的不动产或者动产所享有的占有、使用、收益和处分的权利，指的是所有权主体行使权利的最常见的方式，而且这四项权能也并未穷尽所有权主体行使权利的可能方式。也就是说，所有权中的占有、使用、收益和处分并不是独立的权利项，而是单数性质的所有权之权能（梁慧星，1997；史尚宽，2000）。John Henry Merryman（2011）将所有权比作一个盒子，盒子中包含多项特定权利，即使盒子的所有人将全部权利转让，只要盒子还在，即使是空的，所有权人依然拥有所有权。而根据英美法系的权利束观念，只存在盒子里面的"东西"，并没有盒子（吴次芳等，2010）。

所有权的不同权能体现了不同的作用形式，所有权人可将某一项权能分离出去，设定为一项他物权，这意味着：①"权能分离"是将权利和权能看作整体与部分的关系作为前提的（李国强，2010）。②"权能分离"只是一种形式上的变化，并非所有权实质的改变，即使将所有权权能全部分离，所有权独占的支配性也不会导致所有权丧失。③"权能分离"之后，非所有权人行使的权利要依据法律规定和所有权人授权才能实现（薄燕娜，2000）。④"权能分离"是有期限的，只要所有权没有消灭，权能便能复归（钱明星，1994；陈华彬，1997）。

第三，在大陆法系物权法的框架内，物权法定主义乃是贯彻始终的基本原则，物权是法定的权利，须依法律而创设。根据大陆法系国家（地区）的民法，如《日本民法》第175条，有"除法律有规定外，不得创设物权"的规定，即物权的类型和内容必须依照法定，当事人不得自由创设法律不承认的物权或与物权法定内容相异的内容。

3.2.2 发展权的表现形式

在大陆法系物权法的框架内，物权分为所有权和他物权，所有权作为最完整、最充分的物权，具有占有、使用、收益和处分等权能，这四项权能是单数性质的所有权之权能，并不是独立的权利项，而他物权中又有占有、使用、收益、处分等某一项或几项权能。即使土地具有发展的权能，可以作为所有权或他物权中一项的发展权能存在，根据近代私法的物权理论，无论该项权能有多广泛，他物权最终也并不享有对所有物的处分权（李国强，2010）。此外，依据物权法定主义原则，他物权中的权利种类及内容概由法定，当事人不能自由创设（王利明，1998），也就是说，每一项权利及其内容都是由法律规定的，如果法律没有明文规定物权种类，则意味着法律禁止当事人创设此种物权，目前来看，大陆法系国家（地区）并未将土地发展权设立为一项物权。

同英美法系国家（地区）相似的是，大陆法系国家（地区）同样不可避免地存在着国家公权力，如规划制度、征收制度等对公民私有财产权尤其是不动产物权的侵犯问题，如政府通过土地分区管制对土地资源进行严格的使用分区限制，并对不同地类利用的土地资源设定不同的权利性质（是否发展）和大小（建筑密度或容积率）。比如，法国在每个市、镇、村单独制定土地使用规划（Plan d'Occupation des Sols，POS）；意大利将分区作为在特定、指定空间区域的工具；日本引入建筑容积率作为建筑容量的限制规定，并对土地用途、地块面积和基地覆盖率等作了严格限制（汪秀莲、张建平，2001）。由于土地分区管制制度在实施过程中存在规划方面、管制方面以及经济利益方面等问题，大陆法系国家（地区）借鉴英美的土地发展权转移制度，相继将其作为一种改善规划与管制刚性的工具，缓解分区管制中出现的各种问题。其中发展权市场是一种独立的制度安排，如果没有这个市场，就没有发展权，相当于公权力直接将发展权切除，并不存在补偿问题。

法国于1975年通过的《改革土地政策的法律》和1976年修订的《城市规划法典》，确定了"法定上限密度限制"制度（Plafond Legal de Densite，PLD）。两部法律规定了土地所有者的土地上的建筑权有一个法定上限密度限制，其以建筑面积与占地面积之比，即容积率作为判定指标，在限度范围内，土地所有者可自由进行开发建设，若超过限度标准进行开发建设，须通过向地方政府支付"超过负担款"，用以购买超过限度标准的建筑权（马韶青，2013），该制度解决了土地用途管制下出现的土地使用及管理问题。意大利城市经济学家和规划者为了提高城市规划管理的效率，采用了均衡和发展权转移的工具，通过创造发展权市场来管理城市规划。日本实行了容积率形式的发展权转移政策，为了实现良好的都市环境，日本通过容积移转加速引导民间的建筑活动，提高土地的有效利用。

通过对大陆法系不同国家（地区）的分析，本书得出以下结论：①从发展权创设背景来看，意大利是基于分区的不公平，通过对涉及转移方案的土地所有者公平分配发展权数量的方式进行缓和，并通过均衡原则使土地所有者不易受到规划选择的影响；法国为了消除土地所有者之间因规划控制导致的不平衡，实现土地所有者之间的公平。尽管不同国家（地区）基于各自不同的制度和现实背景来实施土地发展权，但其都产生于国家（地区）分区管制对土地开发利用限制的前提之下。②从发展权实现过程来看，意大利将不同类别的用地赋予相同的建筑密度，法国通过立法实行统一的标准，不同国家（地区）都运用公权力，并依据各国（地区）特定条件对土地发展权进行限制和设计。③从发展权表现形式及量化手段来看，由于国家公权力的干预，发展权在大陆法系国家（地区）表现为可转让的公权力管制配额，根据各国（地区）分区管制确定的土地利用类型和强度方式不同，不同国家（地区）对发展权的量化形式有所差异，意大利以建筑容量（建筑密度或容积率）进行衡量，而法国、日本将其量化为容积率。土地发展权转移制度不仅是政府干预市场开发的有效手段，还是一种平衡传统规划与新市场的弹性调控工具。

3.3 两大法系的土地发展权比较

3.3.1 范式特点

（1）产权并不等于所有权。在英美法系，虽然有"ownership"这个词，但其仅作为一种抽象的存在，并无严格和明确的"所有权"概念。英美法系不是以所有权为核心来区分各种具体的产权的，而是以权力内容和性质来进行区分的。权利束范式的出发点是对物的利用，且产权的客体具有广泛性，无论是有体物还是无体物，都可以作为产权的客体。而大陆法系建立的是以所有权为核心，他物权依附于所有权而存在的物权体系，所有权在其中占据至高无上的地位。物权范式的出发点是物的归属，且客体仅限于有体物。

（2）英美法系中的财产权是个复数概念，是权利束，核心是潜在经济价值，权利束中的任何一项权利都可以被单独分离进行处分和转让，英美财产法具有较强的适应性和连贯性。相比而言，大陆法系中的物权是个单数概念，每项物权均有一系列权能，核心是对特定物的排他性支配权，且所有权的完整性和强力性会阻止权能的自由让渡，很多情况下，他物权人无法摆脱所有权人的控制，大陆法系的物权范式具有一定的局限性。

（3）在英美财产法中，财产权利人享有完整的权利束，可以将其中一根或几根"木条"分离，转让给他人，不同的产权人在同一标的物上可以同时享有相互独立的财产权益，获得的每一项权利都具有独立性和完整性，各项权利之间没有高低之分，各产权人在法律地位上平等。在大陆法系的物权范式中，同一标的物上只存在一个所有权人，他物权来源于所有权，并受制于所有权。他物权仅允许所有人暂时将自己的部分权能让与他人，当期限届满、他物权丧失，所有权人即享有完全权能，这也意味着他物权人获得的权能并不具备独立性，而是从属于所有权，二者具有主次之分，所有权效能高于他物权，且他物权人行使权利时受所有权人的意志制约。

（4）英美法系财产法通过界定人与人的关系（行为规则）而及于人与物的关系，"物"在英美法系财产法中无足轻重。大陆法系物权法则是通过界定人与物的关系而及于人与人的关系，"物"在物权法中居于枢纽地位。

（5）在英美法系的权利束范式下，土地发展权可以被看作权利束中的一根"木条"，可以从土地权利束中分离，作为一项独立的财产权进行处分和转让，并受到财产法的保护。在大陆法系的物权范式下，依照物权法定主义原则，如果没有法律规定，不能自由创设土地发展权这一物权。即便认为土地发展权是土地所有权或他物权中的一项权能，无论该项权能多么广泛，他物权人最终也不享有对所有物的处分权。

3.3.2 制度结构

英美法系权利束范式与大陆法系的物权范式是截然不同的范畴，除了二者的法律基础不同外，还源于它们根植的"土壤"、体制环境和社会基础的不同，土地发展权在不同法系国家（地区）的表现形式也有所差异。①财产法律制度形成背景差异较大。英美法系的财产法受到古日耳曼法的影响，更多地关注财产的利用；大陆法系源于古罗马法，更强调主体对财产的绝对排他控制。②各国制度背景不同，发展权表现形式也不同。英美两国都面临着传统的土地用途分区管制对土地私人财产权的不同限制，英国是由国家将发展权冻结，私人所有者通过发展权或其他税收方式，通过与国家达成协议，获得有效的发展许可；美国则由政府主导创设一个发展权市场，并允许私人土地所有人之间达成协议，实现各交易主体之间的利益平衡。大陆法系国家（地区）面临着分区管制对土地资源严格的使用限制，为了缓解出现的各种问题，将土地发展权制度作为一种改善规划与管制刚性的工具。

3.3.3 创设机制

在英美法系财产法框架内，当事人完全可以循契约自由而创设新的权利，此亦即上文所论述权利束中的诸权利项都可以单独分离的另一种表达方式。判例法①在英美国家大行其道，就是对这一现象的注释和支撑。但在大陆法系物权法的框架内，物权法定主义乃是贯彻始终的基本原则，即物权的种类和内容概由法定，所有权人不得自由创设物权，使之成为独立的权力参与经济社会运行。大陆法系以成文法为主导，是其佐证。由此可见，大陆法系中的物权法是一个相对封闭、稳定的权利体系，而英美法系财产法则是一个相对开放、变动的权利体系（见表3-1）。

---

① Case law，即以判例为载体和表现形式的法律，是区别于以成文的制定法或法典为载体和表现形式的法律。

表 3-1　英美法系权利束范式与大陆法系物权范式的区别

类别	英美法系财产法	大陆法系物权法
创设逻辑	权利束范式	物权范式
范式特点	相对开放、变动的权利体系	相对封闭、稳定的权利体系
主要载体	财产权	物权
载体特点	权利束，复数概念	权能，单数概念
载体核心内容	潜在经济价值	对特定物的排他性支配权
权利创设方式	当事人可循契约自由原则创设新的权利	当事人遵循物权法定主义原则，不得自由创设新的权利
所有权问题	无严格和明确的"所有权"概念，并未建立以所有权为基础的财产法体系	所有权占据至高无上的地位，建立以所有权为基础的物权体系
权益性质	财产所有人享有完整权利束，当其中一项或几项权能被转让给他人时，他人获得的产权具有独立性，与原产权人地位平等	他物权仅为所有人暂时将其一部分所有权权能让与他人，期限届满，所有权人即享有完全权能，他物权人获得的权能不具备独立性，受制于所有权，他物权人与所有权人地位不平等
权益主体	不同产权人在同一标的物上可以同时拥有相互独立的财产权益	遵循一物一权原则，同一标的物上只存在一个所有权人
范式特征	产权可以单独分离，自由让渡，具有较强的适应性和连贯性	阻止财产自由让渡，利用人无法摆脱所有权人控制，具有一定局限性
定位	通过人与人的关系（行为规则）而及于人与物的关系	通过界定人与物的关系而及于人与人的关系
发展权位置	属于土地权利束中的一项权利，具有独立性和可让渡性	属于所有权或使用权中的一项权能，不具有独立性和可让渡性

3.3.4　表现形式

根据英美发展权的表现形式，发展权在英国具体表现为发展许可，发展权在美国被认为是在分区规划或地方法律许可范围内，权利人可以从其土地上获得的建筑或开发的权利，通常由单位面积允许建造的住宅单元、容积率进行度量。在大陆法系国家（地区），发展权表现为可转让的公权力管制配额，根据不同国家（地区）的现实国情，意大利将其量化为容积率、建筑密度；法国、日本将其量化为容积率（见表3-2）。

表 3-2　两大法系国家（地区）的发展权表现形式及量化形式

类别	代表国家（地区）	实现方式	表现形式	量化形式
英美法系	英国	国家主导下的土地发展权"购买"机制	发展许可	—
	美国	以项目个案形式，由政府主导建立发展权市场	可转让发展权	郊外地区：住宅单位（户数密度）；都市地区：容积率
大陆法系	意大利	政府指定为转移区域的土地所有者都被公平赋予可供转移的发展权数量	可转让的公权力管制配额	建筑容量（容积率或建筑密度）
	法国	"法定上限密度限制"制度		容积率
	日本	《建筑基准法》（1950）、《都市计划法》（1968）		容积率

3.4　本章小结：国家介入发展权的三种情形

从根本上讲，由于土地用途分区管制的存在，无论是英美法系国家（地区）还是大陆法系国家（地区），都存在国家介入发展权的情形，只是不同国家（地区）介入或干预的程度不同。归结起来，两大法系国家（地区）介入发展权共有三种情形，具体内容见表3-3，这三种情形都是对产权人的一种限制。

表 3-3　两大法系国家（地区）介入发展权的三种情形

介入情形	具体表现
切除发展权	在一定时间尺度内，通过公权力限制，从根本上切除发展权，没有补偿，之后也不恢复
冻结发展权	在一定时间尺度内，通过公权力将发展权冻结，发展权实际上还存在，且冻结是暂时性的，产权人通过购买等形式与国家达成协议，国家将发展权解冻，产权人获得发展许可，但只可自用，不能转移
转移发展权	国家赋予产权人相应数量的发展权，通过建立可转让的土地发展权市场，土地产权人与其他土地开发者达成协议，实现发展权转移

3 两大法系的发展权形式及特点

根据英美法系和大陆法系国家（地区）的发展权涵盖的不同情形，本部分以发展权表现为土地开发利用强度的改变或土地用途的改变为例，进一步展开分析（如图3-3所示）。

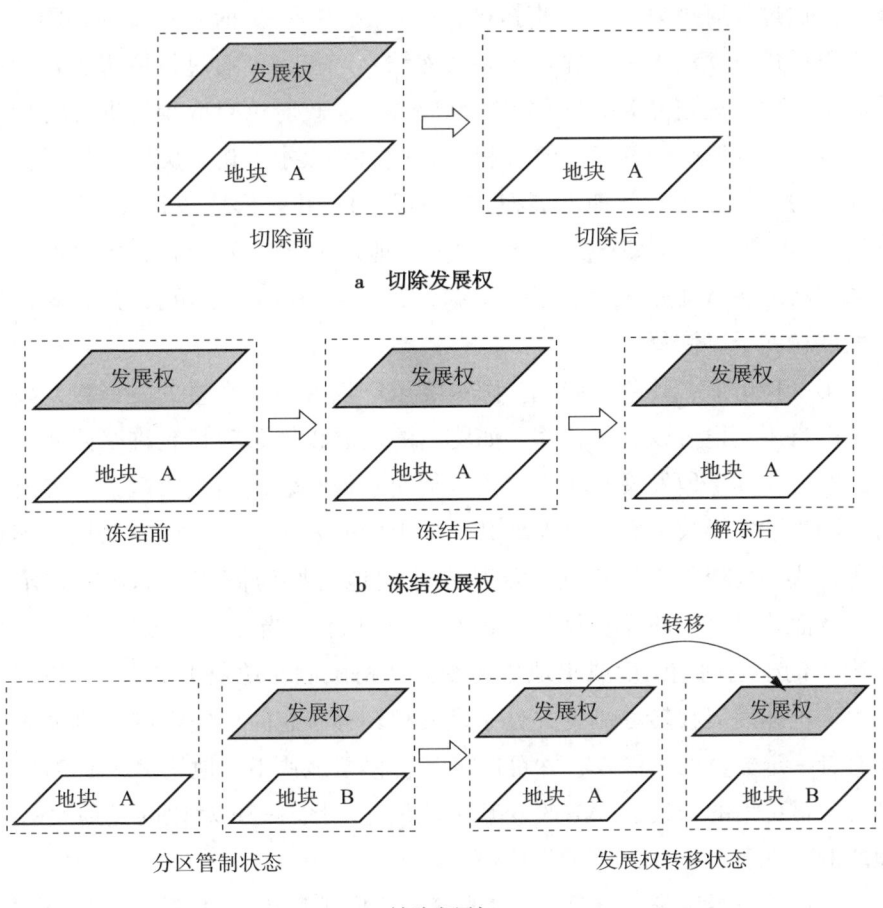

图 3-3 两大法系国家（地区）介入发展权的三种情形

第一种情形：切除发展权。在一定时间尺度内，通过公权力对发展权进行切除，没有补偿，之后也不恢复。大陆法系国家（地区）普遍存在的形式是通过规划手段将发展权直接切除，且没有补偿。英美法系国家（地区）如英国通过相关法律规定对土地产权人的发展权进行切除，如果修改了法律，可能这种情况就会有所改变。如图3-3a所示，在一定时间尺度内，在公权力介入之前，地块A是拥有发展权的，公权力通过介入，将该地块上的发展权进行切除，也就相当于该地块已不存在发展权，无论是通过购买还是其他任何方式，发展权都无法得到恢复。

第二种情形：冻结发展权。由公权力解除后只可自用，不能转移。如英国是通过政府这只"手"直接进行配置的，在一定时间尺度内，国家对土地发展进行立法限制，并将发展权冻结，产权人可通过发展捐、建设税或附加开发者规划义务等形式获得发展许可，政府可对取得发展许可后因受到规划不利影响的开发者给予相应补偿。从根本上讲，英国是通过协商或达成协议的方式对土地发展权进行配置的，并未形成土地发展权市场。如图3-3b所示，国家公权力介入之前，地块A拥有发展权，国家通过立法限制将地块A上的发展权进行冻结，产权人与国家达成协议后，该地块的发展权就予以恢复。

第三种情形：转移发展权。国家赋予产权人一定数量的发展权，发展权可以自用，也可以进行转移。如美国的发展权转移项目允许受限制的土地所有者将其土地发展权转移出去，从而获得补偿，而接收区的土地所有者在购买了发展权之后可以提高其土地上的开发密度，如建筑密度、容积率等，或者改变其土地用途，如从农业用地转换为商业、工业或住宅用地，从而获得更大的经济收益。如图3-3c所示，当处于分区管制状态时，地块A的土地利用强度或土地用途受到严格限制，地块B是允许发展的。在引入土地发展权转移制度并处于发展权转移状态时，国家赋予地块A的所有者一定数量的发展权，并可以将其转移至地块B，地块B在原有的基础上获得更大的开发强度或改变其土地用途。图3-3c对比的是地块A和地块B在两种不同状态下的发展情况。

在英美法系国家（地区），普遍存在的形式是政府对发展权进行限制，美国也不是可以普遍实现发展权转移的国家，在其独特的制度背景下，只有存在现实发展压力以及矛盾突出的地区才可以在政府人为创设的市场中实施发展权转移项目，而在英国则不存在个案性。英美法系国家（地区）干预发展权的三种情形，都是将发展权作为权利束中一项独立的权利进行干预。而在大陆法系国家（地区），发展权并不是一项独立的权利，而是一项发展的权能，切除发展权和冻结发展权的情形相当于对发展权能进行压抑，而转移发展权情形中的发展权则是公私法交界领域的一种独立的特殊权利形态，表现为公权力管制配额。

4 两大法系的土地发展权转移经验

由于发展权与管制相伴而生,两大法系国家(地区)普遍存在分区规划管制,并探索使用土地发展权转移制度来解决分区管制造成的各类问题。本章将重点探究两大法系典型国家(地区)的发展权转移经验,以期对我国土地发展权转移机制设计有所借鉴。

4.1 美国发展权转移(购买)

在通常情况下,土地发展权作为土地权利束中的一项权利,其独立性和可让渡性是潜在的,只有在地方政府或相关营利组织介入的情况下,土地发展权的独立性和可让渡性才能显现并成为现实。美国的发展权转移制度和发展权购买制度就是地方政府或相关非营利组织以具体项目的形式进行推进和实现的。

发展权购买项目是政府或非政府组织(如非营利土地信托组织、历史保护组织等)从发送区土地所有者手中购买发展权,并将之归于消灭的过程(Martz et al.,2002)。一个成功的发展权购买项目,必备的作业要点包括:①根据州政府授权法案,在地方政府层级组织实施。②地方政府机构及相关组织确定和公布土地发展权购买意向。③土地所有者出卖土地发展权意愿的表达与申请。④由地方农业保护委员会负责评估土地所有者申请、谈判、签约,并监督保障合约的实施。发展权购买项目的优势表现在两个方面,即公平性很高和能提供实质的、具有持久性的耕地保护

(Coughlin and Keene，1981；Daniels，1991)。

发展权转移项目有两种形式：第一种是在公开的私人市场上进行交易，土地发展权在土地所有者与土地开发者之间进行直接移转；第二种是在发展权银行的参与下进行交易，地方政府建立一个土地发展权储备库或发展权银行，作为土地发展权移转的中介。一个成功的发展权转移项目，必备的作业要点包括：①制定一个全面、详尽、广泛的土地利用规划，并纳入发展权转移项目。②划出土地发展权发送区和接收区的边界范围，明确发送区和接收区可以允许的密度、高度、容积率等管制规则，给土地发展权转让提供足够的经济激励。③明确发展权的计量单位（如密度、容积率等），制定简单明了的土地发展权交易规程。④训练有素的项目管理和执行人员，做好土地所有者、土地开发者、官员和大众之间的沟通、协调工作。

美国较为成功的发展权项目包括宾夕法尼亚州发展权购买项目、马里兰州蒙哥马利县发展权转移项目和新泽西松林地发展权转移项目等。在发展权购买项目中，由于各地实施的背景和目标不同，在遵从以上作业要点的基础上，各项目的资金来源也不同，且对不同发送区的资格制定标准不同。在发展权转移项目中，各项目指定的发送区和接收区不同、各区域的基准分区规划以及设计要素均不相同，每一个发展权项目都是独一无二的。一旦发展权被转移或消灭，发送区的土地就受到严格限制，进而建立保护性地役权，便实现永久保存。

美国建立的发展权市场是由政府建立和维持的，具体表现在：①政府界定项目目标，创建并通过一个发展权计划。②政府指定发送区和接收区的边界范围，组成一个项目区。③政府通过管制规则设计基本参数或要素，由于基准分区规划、密度奖励等设计要素决定着发送区土地所有者能提供的发展权"量"的大小，这意味着发送区的供给是由政府决定的。④制定项目交易程序及相关规则。⑤政府不断调节发展权市场供给和需求，或通过建立发展权银行等中介机构，向交易双方传递市场信息，保证市场的有效运行（Kleiner，1975）。政府若没有介入，就不会产生对发展权的需求。

4.2 意大利建筑容量转移

20世纪90年代开始,意大利在日益增长的城市规划管理中采用了均衡和发展权转移的工具。发展权转移的所有方案设计都依赖于一个相同的发展权市场的基本方案,方案中所有的土地所有者都被公平地赋予了可供转移的发展权数量,而且所有的发展权项目都拥有同样的组织方式,该机制有两个关键步骤,一个是城市土地分类,另一个是发展权归属。

发展权市场转移的方案适用于两种情况:一种是指定为转移区域的所有城市范围内的土地,如原来是农业区域,现在可以变为城市区域;另一种是指定为转移区域的正在经历改变的城市部分区域,如原来是废弃区域,通过新的设计和新的使用,可以被拆除重建。在图4-1中,发展权市场制度只适用于城市转型地区(灰色的区域)(Micelli,2002)。

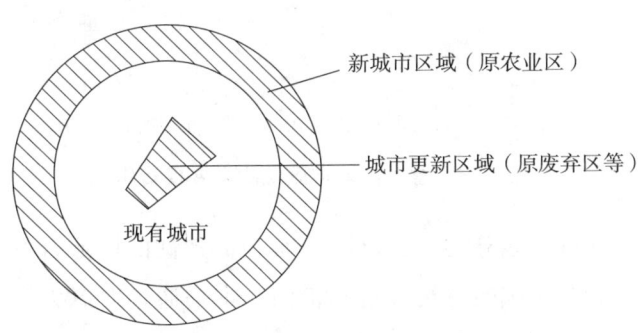

图4-1 发展权市场适用的两种区域

意大利进行建筑容量转移具体的作业要点是:①地方政府指定转移区域。②对这些区域进行适当分类,无论土地是公共用途还是私人用途,都以相同基准建筑指数赋予发展权数量。③被指定为发送区域的各类城市土地进一步细分为不同部分,各部分的土地所有者可通过谈判或协商方式转移他们的发展权。④指定为市政设施和基础设施用地的土地所有者只能将其拥有的发展权转移到规划指定为私人开发用地的区域。⑤购买了发展权的土地所有者可将其所有的发展权与从其他土地所有者那里购入的发展权共同应用到自有宗地开发中。⑥一旦发展权被使用，被指定为公共设施用地的土地所有者的土地被政府征用，将只能获得作为农业用途的土地价值补偿或没有补偿（张俊等，2008）。

基于 Micelli（2002）的研究，在传统的规划管理方案中，被指定为公共设施用地的土地所有者只能等待土地被征收，接收的价格补偿一般是市场价值的 1/4。因此，上述发展权市场的基本方案可以对所有的土地所有者进行公平分配。在图 4-2 中，土地所有者 B 所在区域被指定为公共设施区域时，只能将其发展权转移到被指定为私人开发区域的土地所有者 A 的土地中，土地所有者 A 可以将土地所有者 B 的发展权共同应用到自有的宗地开发中。

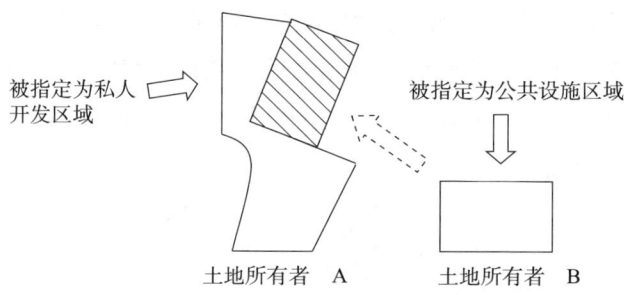

图 4-2　意大利城市区域的发展权转移

意大利在进行土地分类时，仅限于有相似特性的区域合并，这种情况大体上决定了一个区域的建筑容量和价值。本书通过对意大利不同地区的发展权案例分析后发现，如切塞纳和拉文那在实行发展权转移方案之前，政府要为城市起草一项新的结构平面计划，且每一个转移项目涉及的城市区域、土地等级、容积奖励等各要素均不相同。发送区的土地所有者将发展权转移到接收区的土地所有者土地上，大多情况下，就是土地所有者之间的非常简单的交易，政府除了指定转移区域、区域分类、赋予发展权，并制定发展权转移方案外，其行政管理职能是一个信息提供者和一个链接，以保证发展权市场的需求及发展权项目目标的实现。

4.3　日本容积移转

1919 年，日本第 41 届议会通过了《都市计划法》与配套的《市街地建筑物法》，并于 1920 年正式付诸实施。《市街地建筑物法》替代明治末期全国各地单独制定的建筑取缔规则，而制定全国统一的管制基准，对建筑事项加以规范。其主要规范内容有分区管制、建蔽率管制、高度管制、建筑线规范、防火对策等。1950 年，《建筑基准法》订立，设计了一套由私人间契约协定的方式，互相规范建筑形态。在一定区域内，有增进维持、增加住宅地的环境或商店街便利等建筑物利用，且有改善土地环境必要性时，土地所有权人及借地权人（以下称所有权人等）于该范围内，以上述目的缔结有关建筑物基地、位置、构造、用途、形态或有关建筑设备基准的契约而相互规范，此契约即为建筑协定。①

《都市计划法》始于 1888 年施行的《东京市区改正条例》，该条例只对东京加以规范，其效力并未触及其他地区。1919 年，《都市计划法》（通称为旧都市计划法）施行，从此确立日本都市计划制度，但该法于 1941 年被废止。1968 年公布施行的新《都市计划法》成为较详细与完善的土地利用制度，是日本现行都市计划的依据基础。为进一步管制都市土地利用，新《都市计划法》第八条规定，在都市计划区域内，应划定地区地域并加以管制，其项目为用途地域、特例容积率适用地区、特定街区、传统建造物群保存地区等（张瑞云，2007）。

日本的新《都市计划法》主要分为两大体系，即土地利用计划和都市计划事业，都市计划事业包括都市设施整备和市街地开发事业。日本关于都市计划的容积移转即为基于该体系架构下的制度设计。

根据适用地区的不同特性，基于《建筑基准法》的容积移转包括综合设计制度、一团地综合设计制度和连担建筑物设计制度。基于新《都市计划法》的容积移转包括特定街区制度、再开发地区计划制度、容积适正分

---

① 《建筑基准法》第六十九条。

配地区计划和特例容积率使用区域计划。新《都市计划法》和《建筑基准法》对不同制度的适用背景和容积移转运用分别做了规定，虽然不同制度适用的区域特点和范围不同，但容积移转的运用是相似的，都是对不同范围的区域制定规范，将区域内的建筑事项放宽，在都市计划法的容积总量内，各建筑物可自由分配各自的容积率，产生容积移转的效果。①

在容积移转制度中，有以单一基地间（一基地一建物原则）或特定范围街区内各建筑物的容积移转，也有以街区为单位进行的容积移转。其共同的作业要点可总结为：①在特定区域范围内，根据新《都市计划法》和《建筑基准法》的相关规定，特定行政厅经综合性考量后，在特定区域内选定符合条件的送出基地和接收基地。② ②由特定行政厅审查建筑计划内容，若该基地符合适用的制度，许可将其建筑物的容积率放宽。③在该地区整备计划所规划的容积上限内，送出基地和接收基地可以互相调整各自的容积，送出基地将容积移转至接收基地，产生容积移转的效果。③ 建筑物之间容积的合理分配，使得原本仅适用于一般基准规定的建筑物获得更高的容积，可以进行更高的建筑利用，借此创造更为集中的开放空间，促进既存建筑物的有效利用。

日本虽然引进美国的发展权转移概念并有较完善的法律，但主要将其运用在建筑管制与都市开发方面，本质上属于容积放宽的制度，并非直接实施容积移转的制度，容积移转只是制度运作产生的结果。

4.4 结论与启示

（1）两大法系国家（地区）的发展权市场都属于人为创设的市场，不同国家（地区）的做法略有差异。美国各州主要通过立法的形式制订一个发展权转移或发展权购买的计划；日本主要通过制定相关法规实施容积率

---

① 例如，划定高度利用地区与低度利用地区，将低度利用地区发展受限的容积移转至高度利用地区，使低度利用地区获得保存，高度利用地区获得更高程度的发展。

② 特定行政厅认为，在交通、安全、防火及卫生上并无妨碍，并根据其建蔽率、容积率及各部分的高度作综合性考量之后，认为该建筑有助于区域环境整体改善。

③ 送出基地和接收基地实质上指的是不同建筑物之间的容积调整。

移转；意大利并未对此制定任何相应的法律法规，而是通过规划手段，设计发展权转移的方案。在不同国家（地区）的发展权转移的组织和实施中：①发展权市场的交易主体都是由政府事先设定的，政府一般将所要保护的区域，如历史古迹、基本农田、环境敏感区域等作为发送区，而接收区一般为可以接收额外密度或容积率的建设区域。日本开展容积移转是为了创造更为集中的开放空间，因此其对建筑物作容积的合理分配，并未根据上述用地类型进行划分。②政府赋予发展权价值与可交易性，明确发送区和接收区允许转移的容积率或建筑密度等要素，并按照政府制定的容积移转办法实施。尽管不同国家（地区）对发展权的量化形式不同，赋予的发展权大小也不同，但发展权市场中所有交易潜在的供给与需求都是由政府一次性创造的。③政府为发展权市场参与方提供信息，如美国通过建立发展权银行或土地发展权储备机构来促进交易。④发展权市场交易要按照政府制定的相关办法实施。

（2）两大法系国家（地区）的发展权市场普遍存在项目化方式。每一个发展权转移案例都是以项目的形式开展的，按照一事一议的方式建立发展权市场。①根据不同的发展权项目目标，涉及的发送区和接收区也不同，且发送区与接收区是一一对应的。②政府针对不同的交易主体及交易活动，设定的交易规则不同。比如，美国各州的发展权转移案例中，不同项目的设计要素、交易规则不同，转移结果也不同。③发展权项目有总量限制。在美国，政府在项目设计要素中规定了分配比例和密度奖励，发送区可以移出的发展权数量和接收区可利用的发展权额外获得的开发密度都是确定的。意大利、日本的发展权转移也控制在一定的总量内。

（3）两大法系国家（地区）的发展权转移产生的交易效应。不同国家（地区）将发展权量化为居住单元、容积率或建筑密度，通过空间配置的方式，实现特定的目标。当发展权从发送区转移到接收区后，接收区对应地块可获得更高的土地开发强度，而发展权在让渡出的土地上作废，该处土地不再用作其他开发活动，从而获得永久保护，这也是实行发展权转移的意义所在。比如，美国将古迹土地、开敞空间等地块的发展权转移出去之后，就达到永久保存的目的。

ue
5 土地发展权的中国形式：基于国际比较的考察

上文已经明确了两大法系国家（地区）的发展权形式及特点，基于对不同国家（地区）发展权转移经验的借鉴，本章将英美法系的土地发展权分别纳入我国物权法视域、土地增值收益分配视域以及空间用途管制视域，通过一一分析、论证，明确土地发展权在中国的对应形式。其中，前两节对国内流行的研究思路及观点进行剖析和批评，侧重于"破"；第5.3节具体讨论土地发展权制度在我国空间用途管制制度中的衔接点和可能的对应形式，侧重于"立"。

5.1 物权法视域下的土地发展权

上文研究表明，发展权根植于英美法系的财产法制度结构，是权利束范式，而中国物权法承袭的是大陆法系的物权范式。范式特点与制度结构的不同，决定了英美法系的发展权在中国的物权体系中无法找到对应位置。大陆法系土地物权制度深受罗马法影响，在私有制基础上建立以所有权为中心的物权体系，而中国物权制度以土地公有制为基础，与大陆法系有所差异。一方面,《中华人民共和国宪法》(2018 年修正)第十条规定,① 国有土地所有权的主体是国家或全体人民,集体土地所有权的主体是农村集体经济组织或集体成员,不同于大陆法系完全私法意义上的所有权人;另一方面,在实行土地公有制的条件下,我国土地所有权的单向转移性,② 使得所有权并不具有私法意义上的处分权能,不能套用大陆法系私法意义上的所有权范式(戴红兵,2004;朱庆梅,2007)。因此,土地公有制的特殊性决定了我国现行的土地物权体系以土地使用权为核心,区别于大陆法系以所有权为核心的物权体系。

根据综述,有学者认为,土地发展权是一项物权,主张在《中华人民共和国物权法》或我国其他法律中对土地发展权做出明确的立法规定(胡兰玲,2002;刘国臻,2007;姚昭杰,2015)。大多学者仅阐述了设置土地发展权的意义和必要性,刘国臻(2007)对土地发展权客体有所提及,但并未展开系统的论证,只有姚昭杰(2015)运用物权法律关系理论,从主体、客体和内容三个方面论述了土地发展权是一项新型物权。针对部分学者的主张,本节拟从土地发展权的客体和内容两个方面,对英美法系的发展权是否具备中国物权的要件进行分析和论证。

5.1.1 土地发展权客体的非特定化

刘国臻(2007)认为,土地开发利用产生的发展性利益可以作为一项民事权利客体。姚昭杰(2015)提出民法上"物"的构成要件是可支配性和稀缺资源,而开发容量符合民法上"物"的构成要件,因此可作为物权范畴的土地发展权的客体。其中,在可支配要件中,美国利用容积率或开发密度为计量手段将开发容量量化,并通过权属证书实现控制和占用,开发容量作为无体物同样可以进行人为支配。

首先,二者在论证发展权的客体时,并未清晰区分英美法系和大陆法系范式特点的不同。第一种将土地发展性利益作为发展权客体的观点,一

---

① 城市的土地属于国家所有。农村和城市郊区的土地,除由法律规定属于国家所有的以外,其余属于集体所有。

② 即集体土地所有权向国家所有权转化。

方面，受英美法系产权特点的影响，将发展权看作一种利益和经济价值；另一方面，在理论上将权利的本质与权利的客体的关系混为一谈，即认为土地发展权是一项发展性利益，客体是其所依附或指向的特定对象，而非权利本身。第二种将开发容量作为发展权客体的观点，论证美国将开发容量为人所占有和控制的做法符合我国物权法体系下对物的可支配性。

其次，二者均回避了我国物权客体应满足的特定性与独立性两大要件。我国物权制度的核心是对特定物的排他性支配权，物权的客体必须是人力所能支配的有体物，且应满足物的特定性和独立性（梁慧星，1998）。

第一，特定性要求物权的标的物必须是现实存在的、具体确定的物，并非抽象存在的物。针对特定物的界定，存在两种特殊情形。第一种是物权中的抵押权客体为可让与的债权或其他权利（王冲，2009）。第二种是存在一些对客体特定性要求不严格的准物权，如在探矿权、引取河流或湖泊之水的水权等场合；仅考虑水域面积来界定渔业权客体；忽略生态环境因素，只将有形场地作为狩猎权客体等，准物权客体的确存在特殊性。由于它们都具有绝对性、支配力、对抗效力、实行法定主义等与典型物权的共性，所以，准物权仍属于物权范畴（崔建远，2003）。以上两种特殊情形可以作为特定性的外延，对物的特定性限制要求最多以此为边界。通过对照可以发现，以容积率或开发密度为计量手段的土地开发容量作为土地发展权的客体，并不属于上述两种特殊情形，仍应遵循物的特定性。

第二，独立性要求必须具有与此种全面的排他的支配相适合的经济上的独立性，以单独的、个别的、完整的物为准，物的一部分不能单独称为物权的客体。土地开发容量能否作为我国物权制度中的"物"？根据物的特定性，土地开发容量具体呈现的是抽象的空间形态，并不是现实存在和具体确定的物，权利主体无法对其空间进行排他性支配；根据物的独立性，权利人对发展权的利用须依附于土地支撑而存在，发展权量化必须与土地相结合才有可利用的经济价值，一旦与土地分离，其本身并无任何利用价值（杜茎深、罗平，2015）。

以图5-1所示的土地发展权转移为例，如果将土地发展权的开发容量作为客体，基于物权的不可分离性，土地发展权的标的物是什么？附属在地块 A 上的土地发展权转移到地块 B 之后，其可行使排他支配权的特定物到底是什么？可见，土地开发容量并不能作为一个独立的物而存在，无法对其空间进行排他性支配。由于英美法系权利束范式下的土地发展权并不具备我国物权客体中物的特定性与独立性之要件，故其并非我国物权法中所承认的"物"，因此无法融入既有的物权法体系。

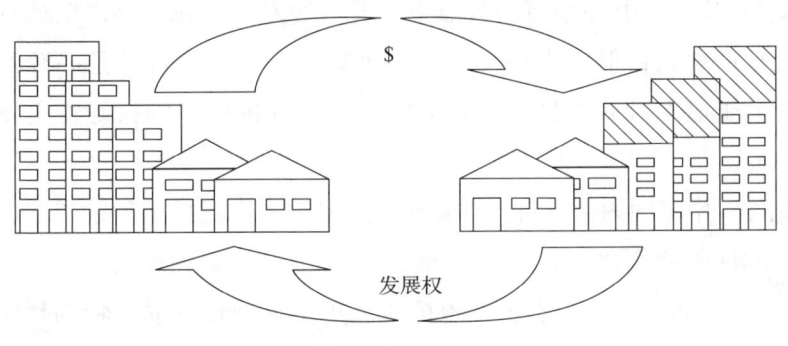

图 5-1 发展权转移

5.1.2 土地发展权的非支配性

姚昭杰（2015）认为，土地发展权对客体具有占有、使用、收益和处分四个方面的权能。其中，对开发容量的占有属于观念占有而非实务占有；使用权能表现为土地发展权人可变更土地使用性质与提高土地利用集约度；收益权能表现为发展权转移之后，接收区的土地发展权人的收益权的实现；处分权能表现为土地发展权人转移土地发展权的行为和在土地发展权上设置担保物权的行为。

根据我国物权法定原则，物权的种类和内容由法律规定。①《中华人民共和国民法典》第二百四十一条规定，"所有权人有权在自己的不动产或者动产上设立用益物权和担保物权"，这并不意味着当事人可以自由创设权利，当事人设定的物权必须符合现行法律的明确规定。对法律无明文规定物权种类的，不能解释为法律允许当事人自由设定，只可解释为法律禁止当事人创设此种物权。如果违反了物权法定原则，其法律后果表现为：

---

① 《中华人民共和国民法典》第一百一十六条。

①不认可为物权。②没有物权效力。③无效物权行为转换为其他有效法律行为（孙宪忠，2009）。如果将土地发展权看作一项物权，其内容必然由法律规定。

在我国物权体系中，土地发展权可以被看作土地所有权或他物权中的一项权能，但并不享有对所有物的处分权，不具备物权最核心的"对特定物的支配权"。在上文学者的观点中，美国的发展权在转移之前属于发送区的土地产权人，但该产权人只是一种观念占有，体现的是一种经济利益，对其土地本身并不具有实际支配性，不具备中国物权对特定物的支配性。

此外，中国国内学界对土地发展权的界定，广泛采用的是"将土地变更为不同性质使用之权，或对土地原有的使用的集约度升高"（柴强，1993）。一方面，土地所有者不得擅自变更土地使用性质，特别是农地不得擅自变为城市建设用地，这在各国均属通例。显然，我国物权法不可能以此为内容设立土地发展权，并将其交由土地所有者自由处分，由此否定了土地发展权"变更土地使用性质"的使用权能，也就否定了土地发展权进一步收益和处分的功能。另一方面，我国民法典规定，可以在土地的地表、地上或地下分别设立建设用地使用权，① 建设用地使用权人有权利用该土地建造建筑物、构筑物及其附属设施。② "土地原有的使用的集约度升高"应属于建设用地使用权的权能，土地发展权与土地使用权在功能上出现重叠现象，根据现有的物权体系，实无创设的必要。③

通过对相关学者的观点进行针对性分析、论证可以发现，土地发展权的客体并不满足特定性和独立性，也不具备对特定物的排他性支配权，故此否定了在中国土地物权体系中增列土地发展权的可能性。此外，我国现

---

① 《中华人民共和国民法典》第三百四十五条。
② 《中华人民共和国民法典》第三百四十四条。
③ 大陆法系中的"地上权"在中国实行土地公有制的前提下恢复基于土地私有制的"地上权"名称不恰当，笼统地称为"土地使用权"也不确切，因为"地上权"还包含受限制的收益和处分权能。在草拟《中华人民共和国物权法》时，梁慧星课题组编写的《物权法草案建议稿》将其称为"基地使用权"。2007年颁布的《中华人民共和国物权法》将其正式定义为"建设用地使用权"。因此，建设用地使用权就是中国特色的开发权（或土地发展权）、地上权，没有必要再讨论另外设置发展权的问题。

有的土地权利体系，作为国家的一项公权力，且不讨论国家通过什么样的法律程序取得这一权利，单就作为公权力的土地发展权而言，它与土地规划权（包括土地用途管制、农用地转用审批等权力）这一公权力功能之间必然存在的重叠与交叉关系，就足以否定土地发展权独立化的正当性和合理性。若硬性在中国土地物权体系中增列土地发展权，不但达不到预期目标，反而会造成中国土地权利体系的混乱和冲突。

5.2 土地增值收益分配视域下的发展权

有学者将土地发展权等同于土地增值收益，并主张将其引入我国土地征收改革领域。本节将土地发展权纳入我国土地增值收益分配视域，对相关学者持有的观点及逻辑缘由进行分析，提出我国土地增值收益分配的解决途径；以征收为例，进一步论证土地发展权引入我国征收改革领域是否可行。

5.2.1 概念混淆

根据综述，有学者认为，土地发展权在经济层面直接表现为农地转为建设用地的增值部分，当农用土地转变为非农建设用地之后，土地价格的增长即为农地转用增值部分，将土地发展权等同于土地增值收益，二者首先在概念上出现了混淆。由于土地征收是我国农地转为建设用地的主要途径，学者认为发展权具体为征地过程中产生的土地增值，并以解决农地非农化增值收益分配为取向，将土地发展权与农地非农化增值收益等同起来，进而提出土地发展权归属问题，并将其转化为土地增值收益分配问题的讨论，提出了"涨价归公"论、"涨价归私"论等农民参与土地增值收益分配的不同方案。

学者讨论的土地发展权归属问题，实质就是土地的增值收益分配问题。关于土地增值收益分配的观点较为统一的是，土地发展权归谁所有，谁就享有相应的土地增值收益。如杨明洪、刘永湘（2004）认为，集体所有的土地发展权受到压抑，用地单位和地方政府分享了这部分土地增值收益，给集体土地所有者带来损失，即意味着集体土地所有者实现了土地发展权，就能获得土地增值收益。臧俊梅（2008）提出，农民由于具有农地发展权，故有权参与属于集体所有的土地的自然增值。周诚（2007）认为，任何一块农地天然拥有非农开发权，整个农地开发权分为政府的农地开发权和失地农民的农地开发权，农地自然增值应全面顾及中央政府、失地农民和在耕农民三方拥有的土地开发权。

此外，不同学者对土地发展权的分类方式的不同，造成对土地增值收益分配方式的差异。朱一中、曹裕（2012）认为，在农地非农化过程中，农地发展权的价值应补偿给农民，市地发展权产生的价值应由政府收回。钱凤魁（2015）也认为，农地发展权应该为农民获得的土地增值收益，地方政府获得的土地增值收益是市地发展权。

上述学者对增值收益分配的观点，主张将发展权归国家所有、集体所有、农民所有，或者根据不同的分类方式，分配给不同的权利主体。无论学者主张何种分配方式，目前形成的较为统一的认识是，谁拥有土地发展权，谁就可以获得土地增值收益，即发展权归谁和土地增值收益归谁是一样的。由此可以看出，无论是土地发展权的概念，还是土地发展权的分配主张，都将土地发展权混同于土地增值收益。

5.2.2 逻辑缘由

从学者将土地发展权混同于土地增值收益的论据来看，本书可从英美法系的权利束特点中找出其逻辑缘由。

英美法系财产法将一切能带来经济利益的对象解释为"财产"，权利是一种财产权，体现的是一种利益和经济价值。发展权是权利束中的一项独立的权利，也是一种潜在的经济价值。在分区规划管制背景下，发展权从发送区转移到指定为接收区的土地上，可以理解为发送区将原本可以通过开发获得土地增值收益的权利转移给接收区，使接收区的土地获得更高的开发强度。发展权的转移不仅是一种权利的转移，还是一种经济利益的流转，相当于将土地增值收益在各交易主体之间作了分配，即发展权转移同步实现了权利的转换和增值收益的分配。

英美法系国家（地区）可以通过权利的形式来解决增值收益分配问题，但在我国，每一项资产都有权利主体，在资产本身已经产生增值的前提下，我国需要依靠税收制度来解决增值收益分配问题。由于英美法系的产权就是经济价值，英美法系国家（地区）可直接通过发展权转移来解决增值收益分配问题，属于二合一的制度。对应到我国就是两种不同的制度，分别是物权制度和税收制度。由此本书可以找出中国国内学者将英美法系中的权利束特点作为收益分配的理论基础，当作将土地发展权引入解决我国增值收益分配问题的逻辑所在。

5.2.3 解决途径

土地增值是客观存在的，在土地增值税暂行条例中，转让房地产所取得的收入与按规定扣除项目金额之间的差额，即为土地增值（朱道林，2017；靳相木、陈阳，2017）。土地作为一种资产，在其开发利用的过程中产生价格上涨，从而引起土地利益或土地效益的增加，其本质是土地所有者或土地使用者从其土地价格变化中获得的价格差额（孙陶生，1997）。

我国农地非农化过程中的土地增值，按形成原因，可概括为自然增值和人工增值。自然增值是由土地政策转变、基础设施改善、土地供求关系变化和土地用途转换等外部因素形成的土地增值。人工增值是由土地所有者或使用者投入资本或劳动等要素形成的土地增值（朱一中、曹裕，2012）。此外，有学者认为，除了自然增值外，还包括市场和政府失灵引起的价格扭曲（马贤磊、曲福田，2006），还有学者将其归纳为生产性因素和非生产性因素引起的增值（邓宏乾，2008），由于学者持有不同观点，本书不再一一列举。无论何种原因引起的土地增值，首先都应该明确的前提条件是，在土地增值收益已经产生的前提下，如何解决该部分增值收益的分配问题。

在我国，土地增值收益分配问题主要通过税收制度予以解决。税收的一项重要功能是通过政府实现收益再分配，即在相关制度中设置与土地各环节相关的税收和费用，实现土地增值收益的分配。如图5-2所示，在我国现行税制中，与征地相关的税种主要包括城镇土地使用税、耕地占用税、土地增值税①等，耕地占用税在中央和地方之间进行分配，其他征地相关税收留在地方使用。此外，与征地相关的费用主要包括耕地开垦费、土地复垦费、新增建设用地有偿使用费、土地管理费、耕地闲置费等，该部分收益通过税收方式，在中央、省、市、县各级政府之间按一定比例关系进行分配，主要用于支持农村建设（诸培新、唐鹏，2013；田旭，2014）。

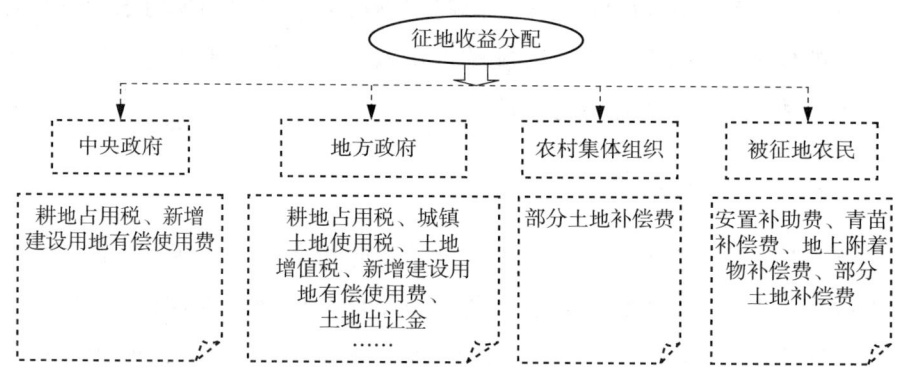

图 5-2　征地收益构成

资料来源：张安录（2010）、法律出版社大众出版编委会（2013）、田旭（2014）。

土地增值税的课征对象仅限于土地的自然增值，人工增值收益归投资经营者所有。国家可以通过对税种、税基、税率的调整，来改变土地权利人在土地增值收益分配中的比例，或通过财政转移支付的方式，将相应税款转移到农业区域，实现不同地方区域的利益平衡。

部分学者认为，我国政府通过征收程序将农地转为非农地，进而产生了土地增值收益及其分配问题，主张将发展权引入我国土地征收改革领域。在上文本书分析了中国国内学者将英美法系的发展权混同于土地增值收益的逻辑缘由，此处再以土地征收为例，做进一步分析。

征收权是政府拥有的一项公权力，属于公法领域。一般认为，合法的

---

① 《中华人民共和国土地增值税暂行条例》[1993年12月13日中华人民共和国国务院令第138号发布，根据《国务院关于废止和修改部分行政法规的决定》（2011年1月8日国务院令第588号）修订]第一条规定，"为了规范土地、房地产市场交易秩序，合理调节土地增值收益，维护国家权益，制定本条例"。

土地征收行为必须具备三个要件，即公共目的（public use）、程序适当（due process of law）和公正补偿（just compensation），其中如何对被征地农民进行补偿安置是当前中国最为棘手的问题之一。所谓公正补偿就是对被征收土地物权价值的补偿，此时的土地物权价值应为得到社会认同的价值（靳相木、陈箫，2014）。在社会主义市场经济条件下，市场发现的价值或者说市场对被征收土地物权的标价，应顺理成章地作为对被征收土地物权价值公正补偿的政策标准。征收补偿的这一逻辑和原则，在土地征收、住房征收乃至动产征收等场合应无二致。换句话说，征地补偿与土地发展权并没有紧密的关联。

但根据目前学者的研究，在征地行为中，出现了对农民集体土地发展权的压抑（杨明洪、刘永湘，2004），尤其是非公共利益性质的征地活动，剥夺了集体土地所有者的土地发展权，除了要支付土地所有者土地所有权价格外，还应当对土地发展权予以补偿（黄祖辉、汪晖，2002；戴中亮、杨静秋，2004；郭熙保、王万珺，2006）。通过为失地农民设立土地发展权，农村集体和农民可以参与土地增值收益分配（朱启臻、窦敬丽，2006）。在上述学者的语境中，给予农民发展权，就意味着农民可以分配土地增值收益，实际就是在原有的土地征收补偿基础上增加了一个补偿项目而已，并不是真的将其单独作为一项权利融入我国物权体系，只是对农民增加的补偿项目被高度泛化为土地发展权的说法。

在我国现行《中华人民共和国土地管理法》《中华人民共和国城市房地产管理法》等相关法律法规的框架下，要实现农地非农化开发活动，就必须经过农地转用、土地征收、土地出让等一系列程序才能完成，具体内容如图5-3所示。"转—征—供"框架即首先通过农地转用审批程序将农地转为建设用地，其次通过土地征收程序将集体土地转为国有土地，最后由地方政府将其出让给用地单位（开发商）。

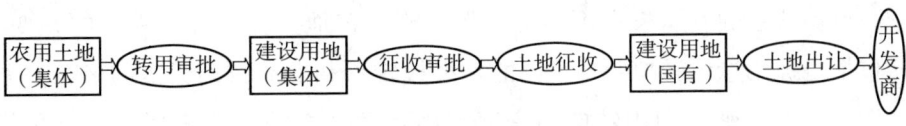

图5-3 "转—征—供"框架

在我国，"转—征—供"合并行使的权利是一项公权力，在该过程中，国家通过公权力获取社会剩余，对增值收益起到再分配作用。比如，2018年4月8日，广东省国土资源厅发布的《广东省国土资源厅关于印发〈深入推进"三旧"改造工作实施意见〉的通知》第十四条规定，"三旧"用地由政府依法收回或征收后通过招标拍卖挂牌方式出让的，所得出让收益可按规定用于补偿原土地权利人，并可采取物业返还等其他方式兑现补偿。拟入库地块由政府依法纳入土地储备，并对原土地权利人给予合理补偿。此外，在土地供应环节，国家通过土地出让制度获取土地出让收益，实质上就是国家通过公权力汲取的农地非农化开发增值收益（靳相木、丁静，2010），可根据我国土地出让收益的支出结构，用于支农、保障性安居工程和城市建设，实现土地增值收益的再分配。

由此，我国对农地非农化过程中的土地增值收益分配，一方面可以依靠税收制度，另一方面可以依靠"转—征—供"制度，即通过农地转用审批权、征收权和土地出让制度来实现增值收益的再分配。中国国内学者在征收补偿中提出引入土地发展权制度，赋予农民分享土地增值收益的权利，实质上就是将发展权作为一个补偿项目存在。

在英美法系国家（地区），发展权转移的过程不仅是一种权利的转移，也是一种经济利益分配方式的转移，可以通过权利的形式解决土地增值收益分配问题。但国内学者将土地发展权引入中国，试图解决土地征收中的土地增值收益分配问题，会把简单问题复杂化，反而容易忽视问题的焦点和主要矛盾，甚至可能使征地补偿安置研究走上歧途，我们坚持的"正道"是由政府通过税收制度来解决。

5.3 空间用途管制视域下的发展权：中国形式

英美法系的发展权有不同的情形，既涵盖地上空间开发强度的改变，又包括土地用途的转换。从美国的发展权转移和发展权购买案例来看，土地发展权由低密度利用转向高密度利用是发展权的主要表现形式。在英国，由于国家限制了土地用途，开发商要进行开发建设，获得开发许可，须向国家购买发展权,具体表现为土地用途的转换。我国同样存在对空间开发强度和土地用途转换的管制,本节拟通过分析我国的空间用途管制体系,论证英美法系的发展权在我国空间用途管制视域下存在的衔接点和可能的对应形式,并从国际视域对照我国公权力介入发展权的情形。

5.3.1 中国法上的土地发展权一般形式

中国的空间用途管制主要涉及对土地资源向上发展空间利用和土地用途变更的管制,其中,在确定了土地用途(如建设用地)的前提下,涉及对土地资源空间开发利用的,由城乡规划部门进行管制;涉及对土地用途变更的,如农用地转变为建设用地,由国土部门进行管制。

5.3.1.1 中国城乡规划体系

我国城乡规划主要对各种开发建设行为进行科学合理的空间安排,通过用地规划控制、"三区四线"划定等制定不同分区的开发标准和控制引导措施(林坚、许超诣,2014),实现优化空间资源配置(张京祥、庄林德,2000)、促进空间高效利用(郑文含,2005)、协调多方主体利益等目标(孙斌栋等,2007)。

城乡规划体系包括区域规划、城乡总体规划和城市控制性详细规划。区域规划对一定区域范围内的发展做出规划安排,平衡发达和欠发达地区的区域利益;城乡总体规划确定土地使用性质(是否发展)的不同,由于不是所有土地都可以用来开发,政府通过规划的设定和实施,实现对土地资源与空间资源的合理配置,同时产生不同土地价值的改变;城市控制性详细规划通过对容积率、建筑高度、建筑密度、配套公共设施等的规定,控制土地的使用强度,对开发建设行为进行管制,不同的使用强度会造成土地经济价值的改变(黄莉、宋劲松,2008)。

理论上,城乡规划确定的控制指标一经确定,不得随意更改。但控规弹性的缺失使得规划管理部门在实际操作中,收到大量涉及关键性指标如容积率的调整申请,且容积率腐败现象频频出现,住房和城乡建设部要求严格限制容积率变更。① 一方面，容积率是政府干预市场开发的有效手段；另一方面，容积率反映了市场对开发的需求。规划与弹性、规划理性与市场效率之间的矛盾出现时（田莉，2007），需要在容积率控制的基础上发展一种弹性调控的机制（金广君、戴锏，2010），才能真正实现规划管理体系的目标。此外，城乡规划对土地使用性质及使用强度的不同规定，意味着土地经济价值的改变，对为保障公共利益最大化而引起的地方或个人利益受损，政府应给予公平补偿。

5.3.1.2 中国土地用途管制体系

由于中国国情的特殊性，土地用途管制是在单一制国家、土地公有制、快速工业化城市化、生态文明体制改革四个前提条件下建立的，这也是区别于其他大陆法系国家（地区）土地用途管制的关键所在。

（1）单一制国家

现代国家结构形式实际只有联邦制和单一制两种基本类型，二者不存在孰优孰劣的问题，无论哪种类型，都是与国家的结构形式相匹配的。联邦制与单一制的差别主要表现在国家权力在各级政府间配置所依据的原则、程序、比例和方式、方法上（童之伟，1996）。联邦制体现的国家权力分解程度更高，如美国的联邦制是美国联邦政府和州政府实行分权，二者均在特定的范围内独立决策和行使权利，并使用宪法保护各自的权利不受侵犯（谭融、于家琦，2002）。单一制体现的中央集权程度更高，如我国采用的国家结构形式属于单一制类型，各级地方政府的权力由中央授予（靳相木，2013）。在我国土地管理中，中央政府掌控着土地用途管制的公权力，对全国的新增建设用地控制指标实行"总量控制、层层分解、统一分配"的集中决策和指令性管理，中央政府向地方政府授予的土地用途管制权利是有限制的，以各种类型指标的"量"为依据。

（2）土地公有制

现代社会的土地制度可分为公有制和私有制两大类，区别土地公有制与

---

① 2009年4月，我国住房和城乡建设部、国家监察委员会联合下发了《关于对房地产开发中违规变更规划、调整容积率问题开展专项治理的通知》（建规〔2009〕53号）。

土地私有制的关键,不在于形式上土地是个人拥有还是政府拥有,而在于其拥有者是否按照一般私有财产物对土地进行处置(桂华,2015)。《中华人民共和国宪法》规定,① 土地作为基本生产资料,必须坚持公有制,这构成我国全部土地制度设置必须遵循的最高"宪法原则"(桂华、贺雪峰,2014)。

在我国,土地公有制的理念是将土地的开发利用活动视为一种公共利益,而在土地私有制国家,土地可以为私人所有,在土地开发利用上有很大的空间,可以进行自由交易。国家对土地的管制不仅体现在宪法在所有制层面做出的制度规定方面,还体现在政府对土地用途的行政管制方面,即国家对农用地(包括未利用地)转为非农用地的限制。

(3)快速工业化城市化

随着工业化、城镇化进程的加速,2017年,全年人均国内生产总值为59660元,比上年增长6.3%,全年国民总收入为825016亿元,比上年增长7.0%。② 2017年年末,我国城镇化率达到58.52%,人口经济的增长也使城市空间和各类资源需求呈现爆发式膨胀(石坚等,2017),建设用地的需求尤其强劲。

中国正处于快速工业化和城市化的发展阶段,一方面,城市的快速发展使相对稀缺的耕地资源、环境敏感脆弱地区承受巨大的开发压力(田志强、赵云泰,2015);另一方面,城市化进程对土地的需求日益增大,大量的农用地转为非农用地,导致建设用地急剧扩张(吴次芳等,2009),这就势必需要提供满足土地开发的建设用地指标,这与现行建设用地计划管理体制之间的矛盾愈加突出。

(4)生态文明体制改革

目前生态文明改革的主要依据是相关政策文件(陈海嵩,2018),党的十七大明确提出生态文明建设。2015年4月,《中共中央、国务院关于加快推进生态文明建设的意见》明确规定要健全生态文明制度体系,用制度引导、规范和约束各类开发、利用、保护自然资源的行为。2015年9

---

① 《中华人民共和国宪法》第六条规定,"中华人民共和国的社会主义经济制度的基础是生产资料的社会主义公有制,即全民所有制和劳动群众集体所有制"。

② 资料来源:《中华人民共和国2017年国民经济和社会发展统计公报》。

月，中共中央、国务院印发了《生态文明体制改革总体方案》，明确了我国生态文明治理的路径。2017年10月，党的十九大报告再次强调要加快生态文明体制改革。

由于土地、森林、矿产等资源的效用性和有限性，国家不仅要从规划途径对各类开发建设活动进行理性引导与约束，实现资源的可持续利用和人地关系的协调发展（王向东、刘卫东，2012），还要从源头保护生态底线，落实"最严格"的耕地保护制度、节约用地制度和生态环境保护制度。

我国在单一制国家、土地公有制、快速工业化城市化、生态文明体制改革四个前提及现实条件下，建立以指标管理为核心的土地用途管制制度。① 一方面，中央政府通过编制全国土地利用总体规划，一次性确定规划期内（通常为15年）可以新增的建设用地总量，并由中央到地方层层分解到各省、市、县、乡（镇）行政区，形成各地规划期内新增建设用地规划指标，并在空间上落实到具体地块，各类控制指标在规划期内都是确定的，且使用土地的单位和个人必须严格按照土地利用总体规划确定的空间布局和土地用途使用耕地；另一方面，在符合土地利用总体规划的前提下，中央政府通过实施土地利用年度计划确定一个地区当年的新增建设用地计划指标，即农用地转用年度计划指标（汪晖、陶然，2009）。只有必须同时具备规划指标和年度计划指标，地方政府才可将相应的农用地经转用审批程序合法后转为建设用地。因此，作为约束性指标，各地每年的农用地向建设用地转换，都要受到土地利用总体规划和土地利用年度计划在数量、空间、时间三个维度的严格限制，具体内容如图5-4所示。

此外，《中华人民共和国土地管理法》第三十三条规定，② "规划指标"必须落在基本农田保护区域范围之外，各地区的基本农田保护任务大致决定了新增建设用地总量的上限（汪晖等，2011）。③ 同时，耕地总量动

---

① 《中华人民共和国土地管理法》第四条明确规定，"国家实行土地用途管制制度"。
② "各省、自治区、直辖市划定的基本农田一般应当占本行政区域内耕地的百分之八十以上"，具体比例由国务院根据各省、自治区、直辖市耕地实际情况规定。
③ 《基本农田保护条例》（1998年12月27日国务院令第257号发布，根据2011年1月8日国务院令第588号修订）第十五条规定，国家能源、交通、水利、军事设施等重点建设项目选址确实无法避开基本农田保护区，需要占用基本农田，涉及农用地转用或者征收土地的，必须经国务院批准。

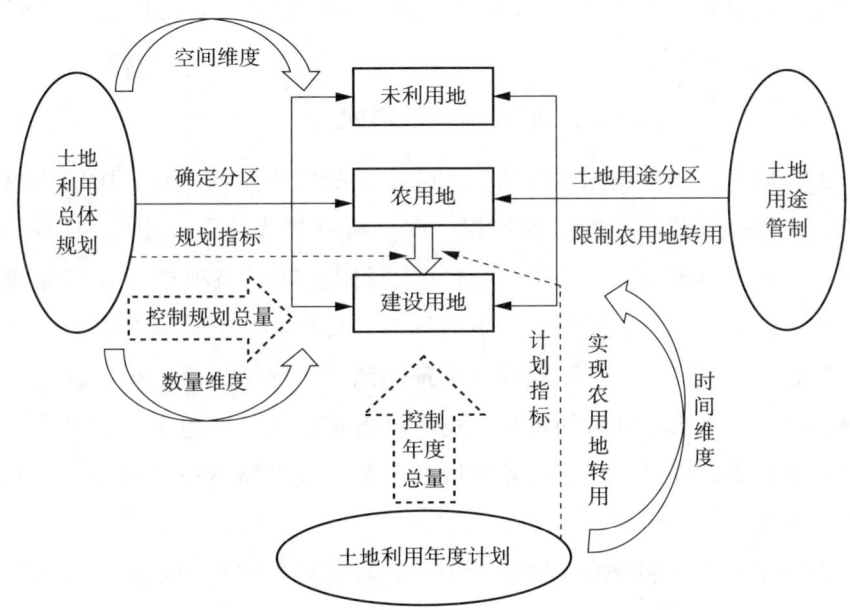

图 5-4　我国土地用途管制下农地转用指标配置过程

态平衡要求各省、自治区、直辖市必须做到本地耕地总量只增不减。因此，我国建设用地计划管理主要通过土地利用总体规划、土地利用年度计划、基本农田保护任务以及补充耕地量来体现。一个地区要真正利用一块建设用地（在一块农用地上进行建设），必须同时满足三个基础条件：①获得规划指标。②获得计划指标。③获得补充耕地指标。这是我国土地用途管制的全貌，也是实际中指标交易运行的基础。

从当前我国国情及转型特定阶段的特点来看，发展地区耕地（基本农田）保护与经济发展之间的矛盾愈加突出。根据我国基本农田保护政策，土地利用总体规划将有些地块划定为永久基本农田，将有些地块划定为建设用地。划定为建设用地的区域可以进行开发建设，相关主体获得较高收益，而被划定为基本农田或耕地的区域，由于土地的用途受到严格的限制，只能从事农业生产，也就间接剥夺了基本农田上农民享受城市化和工业化可能带来好处的权利，使基本农田保护区的农民与非基本农田保护区的农民面临不同的发展潜力和机会，由此产生"暴利—暴损"困境。此外，"最严格"的土地用途管制并没有遏制耕地的流失，指令性的指标管理在经济较为发达的地区面前并未体现出足够的约束力（张蔚文、李学文，2011）。

5.3.1.3 中国土地发展权的一般形式

上文研究表明，我国承袭的是大陆法系的物权范式，在我国的物权体系中，发展权并非一项独立的物权，而是所有权或使用权中的一项权能。当国家公权力如法律、规划权等对其进行限制时，该项权能被切除或冻结，在这两种情形下，发展权并不能称为一种权利。当国家公权力允许发展权转移时，是公权力对私权进行干预的结果，该情形会产生一种公权力管制配额，它不具备物权的特征，更不具备债权特征，也不是纯粹公法领域的行政权力，而是公私法交界领域的一种独立的特殊权利形态，可以称之为发展权。

在国家介入发展权的三种情形中，只有转移发展权的情形，才有发展权的流动，而冻结与切除两种情形中的发展权并不是一项独立的权利，而是一项发展的权能。在我国，无论是对空间开发强度的管制，还是对土地用途转换的管制，都会对当事人的权利形成压制，只有在允许其进行转移的情形下，才有发展权概念的存在，且发展权在我国空间用途管制视域下表现为容积率和建设用地指标两种形态。

5.3.2 发展权的中国形式Ⅰ：容积率

大陆法系国家（地区）在吸收英美法系的发展权基础上，探索将土地发展权转移制度引入各自的规划管制，侧重于对地上空间开发强度的管制，由此产生的发展权，可具体量化为容积率或建筑密度。

在意大利，规划从经济视角被认为是调节城市外部性的方式，实际上，这种传统规划"命令—控制"的方法非常低效。城市经济学家和规划者为了提高城市规划管理的效率，采用了均衡和发展权转移的工具，通过创造发展权市场来管理城市规划。此后所有城市规划的管理，都遵从同一个基本方案的发展权市场制度，即对政府制定的转移规划区域进行适当分类，赋予同样的建筑指数，通过建筑容量（building capacity）的转移，实现所有土地所有者之间土地价值的分配。通过对意大利9个发展权案例的比较，威尼斯和拉文纳采用了建筑容量奖励的方式，卡萨莱基奥-迪雷诺、雷焦艾米利亚、皮亚琴察、都灵、帕尔马、切塞纳采用了建筑容量转移的方式，案例通过建筑容量的转移或奖励，实现了高密度城市更新计划，获得了更多公共用地。土地发展权市场与传统规划的整合，解决了一定的重大城市管理问题，提升了城市规划效率。

在日本，《都市计划法》与《市街地建筑物法》制定了全国统一的管制基准，引入建筑容积率作为建筑容量的限制规定。为了平衡传统规划与新市场的关系，日本将容积率转移作为一种弹性调控工具，对不同制度的适用背景和容积移转运用分别作了规定，如基于《建筑基准法》的容积移转包括综合设计制度、一团地综合设计制度和连担建筑物设计制度，基于新《都市计划法》的容积移转包括特定街区制度、再开发地区计划制度、容积适正分配地区计划和特例容积率使用区域计划。在《都市计划法》的容积总量内，各建筑物被分别分配容积率，产生容积移转的效果。容积移转方式创造了更为集中的开放空间，实现了良好的都市环境，并在历史街区保护等方面取得了很好的成效。

与其他大陆法系国家（地区）相比，我国在规划目标、规划手段方面都是相似的，且在规划实施过程中，我国也面临着规划缺乏弹性与适应性、规划与市场效率存在矛盾和利益冲突等问题。在同样的背景下，我国也可以通过探索引入土地发展权转移制度，以容积转移或容积奖励的表现方式，协调市场开发与空间资源保护的矛盾（覃俊翰，2013），实现空间的优化配置，协调多方主体的利益。

容积率的市场化可以增强规划管制的弹性已经在学术界形成共识（孙峰，2009；张先贵，2016）。从实践来看，近年来，国内部分城市如北京、南京、上海等为了保护历史文化古迹、增加城市开放空间和保障性住房及公共配套设施建设等公益目标，相继实施了容积率奖励政策。[①]

北京市于2001年颁布了《加快北京商务中心区建设暂行办法》，其第五条规定，在建筑容积率总体控制、总量平衡的前提下，可采取容积率转

---

① 容积率奖励是以开发商为公众提供符合地方奖励标准的开放空间或以公共服务设施实施为前提，土地开发管理部门奖励开发商一定的建筑面积（王莉莉，2017）。

移、容积率奖励等鼓励办法，促进商务中心区开放空间的规划建设。南京市于2010年颁布了《南京市建设项目容积率管理暂行规定》，其第八条规定，为社会公众提供开发空间的，可给予容积率奖励。上海市于2011年修订了《上海市城市规划管理技术规定》，其第二十条明确，可按规定增加建筑面积，见表5-1。以上海市杨浦区黄兴绿地项目为例，政府通过无偿提供给开发商进行开发建设的地块，提高商品房容积率，并引导开发商集资兴建黄兴绿地大型公园。

表5-1　《上海市城市规划管理技术规定》中容积率奖励规定①

核定建筑容积率（FAR）	每提供1平方米有效面积的开放空间，允许增加的建筑面积/平方米
FAR<2	1.0
2≤FAR<4	1.5

除了允许开发商提供公共开放空间和公共服务设施之外，国内少数城市在保障性住房配建模式中试点引入了对开发企业的容积率奖励机制。北京市于2010年3月发布的《关于产业化住宅项目实施面积奖励等优惠措施的暂行办法》②第四条提出，在符合相关政策法规和技术标准的前提下，产业化住宅可在原规划的建筑面积基础上，被奖励一定数量的建筑面积。广东省住房和城乡建设厅于2011年5月发布了《关于加强"三旧"改造规划实施工作的指导意见》③，其第四条提出，探索容积率奖励和异地补偿机制。其中，容积率奖励，是指对提供公共服务设施、市政基础设施等公益性设施，或提供公共空间、保障性住房、历史文物保护的"三旧"改造项目，在满足公共配套设施、公共空间农地安排并符合有关技术标准的前提下，对原批准的容积率进行适当调整，奖励一定建筑面积。可借鉴深圳市在城市更新工作中优先落实公共配套设施和保障性住房，东莞市设定公益性指标的方式，④制定符合地方实际的容积率奖励机制。

---

① 2003年10月18日，上海市人民政府令第12号发布。其中第二十条规定，增加的建筑面积总计不得超过核定建筑面积（建筑基地面积乘以核定建筑容积率）的20%。
② 该办法自发布之日起施行，有效期至2015年12月31日。
③ 粤建规函〔2011〕304号。
④ 原则上容积率最高奖励不高于原批准控制性详细规划容积率的10%。

容积率奖励制度实现了空间资源的再次分配和城市建设中各个利益主体的重构,与此同时,基于容积率奖励的公共开放空间和公共服务设施提升了公众的社会福利。目前,国内对容积率转移形式的探索还较少,有学者认为,上海市黄浦区太平桥地区改造项目中实施了容积率转移政策,实现旧区面貌的保护性改造(黎明月等,2014)。容积率转移或容积率奖励的路径在我国城乡规划制度中是可行的,但该方式并不是我国独有的,因此不作为本书的研究对象。

从国际视野来看,我国通过规划手段,在规划期内对土地空间利用强度进行限制,相当于国家对发展权的冻结,如图 5-5 所示。土地所有者通过购买形式,或在符合规划特定条件的情况下,可与国家达成协议并获得改变土地空间利用强度的权利。在我国城乡规划制度背景下,根据相关规定,① 开发商如因特殊原因需改变规划设计条件的,经城乡规划行政主管部门批准后,可改变建筑容积率等限制条件,增加发展机会,即权利主体可通过向国家交纳对价,购买准许发展的权利,或者开发商在符合相关政策法规和技术标准的前提下,可以获得政府的容积率奖励,在原批准的容积率基础上进行适当提高。上述两种情况都说明,该项权利实际上是存在的,但国家将其冻结,只有在符合相关的规定条件下,才有获得土地发展权的可能。

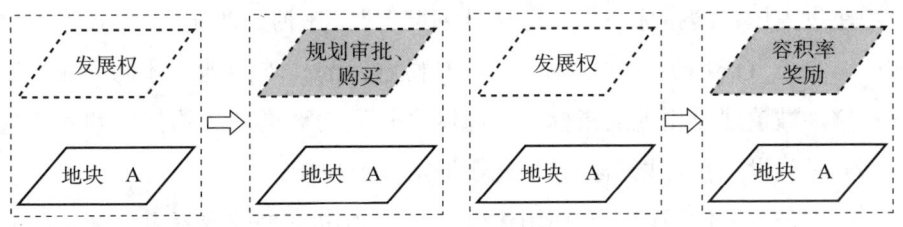

图 5-5 解冻发展权的两种方式

---

① 2002 年 12 月 26 日,建设部下发的《关于加强国有土地使用权出让规划管理工作的通知》第四条规定:受让人取得国有土地使用权后,必须按照《国有土地使用权出让合同》和建设用地规划许可证规定的规划设计条件进行开发,一般不得改变规划设计条件;如因特殊原因,确需改变规划设计条件的,应向城乡规划行政主管部门提出申请,经批准后方可实施。

5.3.3　发展权的中国形式Ⅱ：建设用地指标

针对当前我国农地非农化开发管理的指令性计划特征，为了弥补严格和刚性的土地用途管制制度，解决"暴利—暴损"困境，提高土地利用的效率和公平，近年来，我国一些地方政府开展了土地指标市场化配置的探索、试验和创新。比如，目前实行的重庆地票交易、城乡建设用地增减挂钩指标交易、补充耕地指标交易，以及已经被叫停的折抵建设用地指标有偿调剂和基本农田异地代保等；地方实践的交易对象有规划指标、计划指标、增减挂钩指标、复垦指标等不同形式。

在我国土地用途管制体系下，要实现土地用途的变更，即由农用地（或未利用地）合法转为建设用地，必须同时拥有规划指标和计划指标，而中央通过土地利用总体规划和土地利用年度计划下达到地方的建设用地配额就是中国特色的土地发展权。此外，要实现农用地转为建设用地，必须满足耕地占补平衡的前提。

目前地方实践的指标交易类型中，除了规划指标和计划指标外，属于土地用途变更的指标还包括城乡建设增减挂钩指标，以及在国家和地方出台的相关政策引导和规范下，通过复垦农村建设用地等形式产生的地票。尽管城乡建设用地增减挂钩指标自2009年被纳入土地利用年度计划后，与新增建设占用耕地指标一样实行"计划配置"（王博，2016），但在实践操作中，它与重庆地票一样，需要复垦农村已有的建设用地，才能形成可以等量增加城镇建设用地的指标，因此城乡建设用地增减挂钩指标和重庆地票都兼具建设用地计划指标和补充耕地指标的功能。

我国是单一制国家，土地用途管制公权力由中央政府享有。区别于其他国家的是，我国的土地用途管制制度主要对各类用地指标实行指令性管理，且对各地政府授予的土地用途管制权利尤其是农地转用公权力进行"量"的控制。由此，我国的发展权产生于土地用途管制背景下，涉及土地用途变更在内的规划指标、计划指标、城乡建设用地增减挂钩指标和重庆地票，表现为土地用途管制配额，是一种可以将农用地或未利用地转为建设用地的权利，具有稀缺性和经济价值。其具体表现在，中央对地方政府下达的指标进行"量"的控制，说明其具有稀缺性；地方政府或其他主体只有持有新增建设用地指标、城乡建设用地增减挂钩指标或地票，才有资格将农用地转为建设用地，进行开发建设，这意味着土地价值的激增。由此看来，发展权是一种稀缺资源，具有经济价值，并且可以量化，通常以平方米、亩或公顷来度量。

在我国土地公有制的前提条件下，获得新增建设用地指标和城乡建设用地增减挂钩指标的主体是地方政府，而地票的主体除了地方政府外，还包括农村集体经济组织、自然人等。对于上述主体来说，发展权是一种资产，具备商品的特性，可以在市场上同其他商品一样进行交易，因此，相关主体在获得发展权之后，可以选择将其拥有的部分或全部通过市场机制转移给其他主体。我国的土地发展权转移实质就是土地用途管制配额的商品化或市场化，由政府运用市场交易机制对土地用途管制配额进行调剂和再配置。

从国际视野来看，由于土地用途分区管制的存在，发展权在英美法系和大陆法系其他国家（地区）都受到不同形式的干预。我国对土地开发活动也存在用途管制，在该制度背景下，我国公权力对发展权的介入包括切除发展权和转移发展权两种情形。

第一种是切除发展权。大陆法系国家（地区），传统上以所有权为中心，在所有权之上的用益物权只有使用权和收益权，并没有支配权。区别于其他大陆法系国家（地区）的是，我国物权法以使用权为中心，发展权可作为一项权能内含于所有权或使用权当中。《中华人民共和国宪法》规定，土地所有权禁止转让，土地的使用权可以依照法律的规定进行转让。政府在行使土地用途管制这一公权力的过程中，不可避免地会发生对不动产物权进行限制甚至剥夺的情形，作为所有权或使用权权能的发展权面临着从根本上被国家直接切除的情形。通常情况下，公权力的行使前提是公益目的，此时无须给予被征收人任何补偿。

以基本农田和建设用地为例，根据我国严格的土地用途管制制度，在规划期内，有的地块被划定为建设用地，有的地块被划定为永久基本农田，建设用地可以直接进行开发建设，一方面，土地所有人对建设用地上的物享有所有权；另一方面，建设用地使用权可以进行转让、互换等。而永久基本农田受到严格限制，土地所有人无法从其永久基本农田中获益，① 即国家直接将作为基本农田的发展权能进行切除，不存在补偿问题，即使通过购买等形式也无法恢复，且农民和国家都未获得该部分权益。当该规划期结束，新一轮规划可能会继续实行保护，也可能改变该部分基本农田的使用用途。

第二种是转移发展权。随着全国性法规和试点地区政策的出台，我国地方出现的重庆地票交易、城乡建设用地增减挂钩指标交易等尝试，都是政府运用市场机制对土地用途管制配额进行调剂和再配置，相当于转移发展权的情形。在没有引入土地发展权转移制度之前，假设地块 A 和地块 B 土地利用现状均为农用地，在规划期内，地块 A 被规划为农用地，地块 B 被规划为建设用地。当引入土地发展权转移制度并处于发展权转移状态时，国家赋予地块 A 一定数量的发展权后，地块 A 的所有者可将其拥有的发展权转移至地块 B，地块 B 就拥有了将农用地转为建设用地的权利。

目前，我国出现了土地发展权转移实践，如重庆地票通过农村土地交易所平台，实现对建设用地指标跨区域的市场化配置，多数学者肯定了其配置模式的优势及政策创新（谭新龙，2010；吴义茂，2010；段力、傅鸿源，2011）；通过对重庆地票的实证检验发现，引入市场机制的配置体系能极大地优化指标配置效率（顾汉龙，2015）。土地发展权转移制度可作为补充土地用途管制的一种弹性工具，对我国刚性的土地配置方式实现市场取向的修正。本书将沿着这条路径展开进一步研究，在国内已有地方实践探索的基础上，将土地发展权转移机制这一实现方式进行进一步规范和完善。

5.4 本章小结

本章将英美法系的土地发展权分别纳入我国物权法视域、土地增值收

---

① 即使《土地承包经营权法》为农民创设基于农用地的用益物权，即土地承包经营权，但《基本农田保护条例》限制了基本农田的自主经营权。《中华人民共和国土地管理法》第六十三条规定，国家对农用地的管制是"农民集体所有的土地的使用权不得出让、转让或出租用于非农建设"。

益分配视域以及空间用途管制视域，发现土地发展权在中国的制度环境下主要有两种对应形式，一种是城乡规划体系下的容积率，另一种是土地用途管制下的建设用地指标。

（1）在发展权根植于英美法系的土壤中，范式特点与制度结构的不同，决定了英美法系的发展权在中国的物权体系中无法找到位置。中国国内学者主张将其在我国物权法或其他法律中做出立法规定。针对学者提出的论据，本书分别从土地发展权客体和内容方面进行论证，一方面，发展性利益或开发容量并不满足我国物权客体应具备的特定性与独立性要件；另一方面，其不具备物权最核心的"对物的支配权"，且从土地发展权的权能来看，我国物权法不可能以变更土地使用性质为内容设立土地发展权，且土地发展权在集约度升高的使用权能与建设用地使用权能之间出现功能重叠，实无创设的必要，由此否定了在中国土地物权体系中增列土地发展权的可能性。

（2）中国国内学者将土地发展权混同于土地增值收益，其逻辑缘由在于，权利在英美财产法中体现的是一种利益和经济价值，发展权的转移不仅是一种权利的转移，还是一种经济利益的流转，相当于将土地增值收益在各交易主体之间作了分配。部分学者主张将土地发展权引入我国土地征收领域，解决土地增值收益分配问题，根据土地发展权在土地征收上的应用来看，其实质就是在土地征收补偿中增加了一个补偿项目而已。我国对农地非农化过程中的土地增值收益分配，一方面可以依靠税收制度，另一方面可以依靠"转—征—供"制度，"转—征—供"合并行使的权利是一项公权力，在此过程中，国家土地所有权通过公权力攫取社会剩余，对增值收益起到再分配作用。

（3）在切除发展权和冻结发展权的情形下，发展权并不是一项独立的权利，而是一项发展的权能。国家公权力允许发展权进行转移时，会产生一种公权力管制配额，它不具备物权的特征，更不具备债权特征，也不是纯粹公法领域的行政权力，而是公私法交界领域的一种独立的特殊权利形态，可以称之为发展权。

（4）我国的空间用途管制主要涉及对土地资源向上发展的空间利用和

土地用途变更的管制，将英美法系的发展权纳入我国空间用途管制视域，具体对应两种形式，一种是容积率转移，另一种是建设用地指标。

大陆法系国家（地区）探索将土地发展权引入规划管制，着重对地上空间的开发强度，分别通过容积（或建筑密度）转移或奖励的方式，解决各国或地区面临的不同问题，并取得一定成效。我国城乡规划从目标、规划手段到面临的问题都与大陆法系国家（地区）很相似，从实践来看，国内部分城市在保护历史文化古迹、增加城市开放空间等公益目标方面，相继实施了容积率奖励政策，但对容积率转移方式的探索还较少。从国际视域来看，在我国城乡规划体系背景下，国家对发展权的介入情形属于冻结发展权。

我国土地用途管制侧重于对土地用途变更的管制，在单一制国家、土地公有制、快速工业化城市化、生态文明体制改革的前提条件下，我国建立的是以指标管理为核心的土地用途管制制度，区别于其他大陆法系国家（地区）。中央主要从土地利用总体规划、土地利用年度计划、基本农田保护任务和规划期内耕地总量动态平衡四个方面对土地开发活动实行控制和管理，为了完善严格的土地用途管制制度，地方政府做了一些指标交易的探索和创新，其中地方政府从中央取得的新增建设用地规划指标和计划指标、城乡建设用地增减挂钩指标、复垦形成的地票，属于土地用途变更的指标，本质上都是中国特色的土地发展权，表现为土地用途管制配额。其具体特征有：①产生于管制背景下。②具有稀缺性和经济价值。③可以进行量化。④可引入市场机制进行交易。⑤建立的市场是人造市场。⑥作为一种土地利用的工具，解决因管制产生的"暴利—暴损"困境。从国际视域来看，在我国土地用途管制背景下，国家对发展权的介入属于切除发展权和转移发展权这两种情形。

6

发展权转移机制设计的原理

在明确了发展权在我国空间用途管制视域下的衔接点与对应形式后，本章将进一步分析发展权转移机制设计的原理；通过机制设计原理的描述和国内土地发展权转移本土经验的总结，提出土地发展权转移机制设计的目标及要点；通过与一般商品市场、土地市场的比较，论证我国土地发展权的市场结构，进一步刻画土地发展权转移机制设计的原理。

6.1 机制类型化：发现与设计

"机制"（mechanism）一词原指机器的构造和工作原理，后来被引入生物学、医学、经济学等研究领域，泛指各要素之间的结构关系和运行方式。随着"机制"概念在各领域中的应用，其可归结为两类，第一类属于机制的"发现"。亚当·斯密的"看不见的手"指的就是一种客观存在的市场机制，原则上，人类社会的市场机制是不以人的意志为转移的客观存在，是被"发现"出来的。第二类属于机制的"设计"。在另外一些领域，人们可以根据现实需要，创设一些原本并不存在的机制，如工作机制等，通过建立与之相应的条件（体制或制度），在实践中得以体现。发展权转移机制不是市场自发产生的，而是人为设计得到的，因此属于机制的"设计"。

机制设计理论也被称为经济机制设计理论，由美国学者里奥尼德·赫维茨（Leonid Hurwicz）等提出，[①] 该理论模型分为经济环境、配置机制、微观行为准则和评价标准四个部分，并通过将宏观环境与微观环境紧密结合，从个体的经济环境、行为规则出发研究经济运作机制问题。该理论中的"设计"是指在借鉴原有理论的基础上，通过设计一套运作规则，如对相关分析方法加以拓展等，实现既定的目标（李巍巍、施祖麟，1993）。机制设计理论改变了传统的观念，针对不同的情况，通过采取不同的方法对原有理论进行修正，进而提供一个新的分析视角，更准确地描述并解决现实问题，具有较强的灵活性。

我国现实国情要求必须实行土地用途管制，但其刚性的配置方式暴露的一系列问题亟待解决，依据机制设计理论，应对市场机制进行修正或设计，并将修正或设计后的土地发展权市场纳入我国的土地用途管制框架，形成土地发展权转移机制。

6.2 土地发展权转移机制设计的本土经验

上文明确了我国建立的是以指标管理为核心的土地用途管制制度，土地用途变更的指标包括由国家指令性控制下达的建设用地指标（包括规划指标和计划指标）、城乡建设用地增减挂钩指标、重庆地票，它们都是中国特色的发展权。目前，我国地方实践有了土地发展权转移的一些雏形，已有经验的描述总结，可为土地发展权转移机制设计提供借鉴。

在我国土地用途管制体系下，只有同时具备规划指标、计划指标和补充耕地指标，才能实现农用地转为建设用地。城乡建设用地增减挂钩指标对应了一定数量的新增耕地面积，等于事先补充了相应面积的耕地，这不仅具有与国家下达的新增建设用地计划指标相同的功能，还具有耕地占补平衡指标的功能，属于二合一指标。重庆地票不仅兼具建设用地计划指标和耕地占补平衡指标的功能，还自带建设用地规划空间功能，属于三合一指标，具体内容如图6-1所示。

[①] 其1972年在《计量经济学杂志》上发表了题为《信息分散化系统》的文章，标志着经济机制设计理论的诞生。后由埃瑞克·S. 马斯金（Eric S. Maskin）及罗格·B. 迈尔森（Roger Myerson）等逐步完善，他们三人因"奠定了机制设计理论的基础"而同获2007年诺贝尔经济学奖（李文俊，2017）。

6 发展权转移机制设计的原理

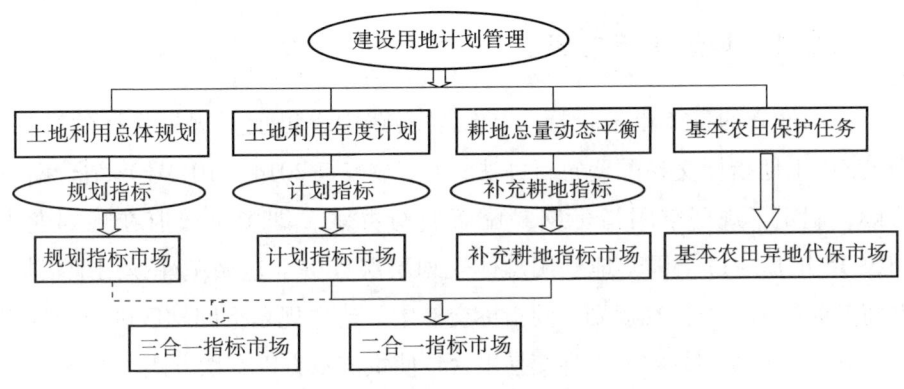

图 6-1 我国土地指标市场分类 I

由于规划指标和计划指标必须在耕地占补平衡的前提下，才能实现农地转用，因此与此相关的补充耕地指标可称作"发展权衍生品"，其建立的市场可称作"发展权衍生品市场"，具体内容如图 6-2 所示。发展权市场对发展权衍生品市场有直接的影响作用，当规划指标市场和计划指标市场的交易量增加时，补充耕地指标市场的需求也会相应地增加。

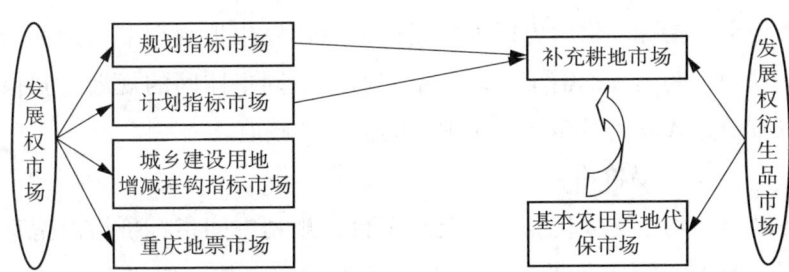

图 6-2 我国土地指标市场分类 II

根据我国土地指标市场的不同分类，[①] 本节从市场化实践经验角度对发展权市场和发展权衍生品市场进行分析，分别从交易对象、供需双方、指标交易价格、指标使用四个方面进行归纳和总结。

---

① 由于复垦、折抵和周转政策被后来的城乡建设用地增减挂钩政策所取代，因此，图6-2中并未将折抵指标市场纳入。

6.2.1 规划指标市场

我国地方的各类土地指标市场交易实践中，出现了规划指标的交易。《南京市土地指标交易配置暂行办法》（宁政发〔2014〕101号）结合南京实际，制定了规划空间指标交易配置暂行办法，即中央政府在规划期内（10~15年）通过全国土地利用总体规划层层分解下达城镇建设用地指标，并将其简称为蓝票。在规划空间指标交易中，建立规划空间辖区区域补偿机制，并通过建立规划空间指标交易平台，使供需双方以有偿方式实现交易。

根据南京市规划空间指标交易的市场化实践经验描述，本书可从以下几个方面进行分析：

(1) 交易对象

规划空间指标指的是土地利用总体规划中的城镇建设用地指标，即允许开发建设利用的土地面积，其也是控制城市发展规模的硬性指标。规划空间指标由中央政府自上而下、层层分配至各镇街。

(2) 供需双方

规划空间指标的供给方即为能提供城镇建设用地规划空间指标的一方政府；规划空间指标的需求方即为希望通过不同主体间的规划空间指标调整，以有偿方式获得城镇建设用地空间的一方政府。

(3) 指标交易价格

各区目前均已建立规划空间交易平台，规划空间指标价格由南京市政府根据区域内不同镇街的发展情况，统筹确定；待市级平台条件成熟之后，再合理确定市级的交易指导价。

(4) 指标使用

规划空间指标在交易结束后，由市、区国土部门根据平台交易结果，依法编制土地利用总体规划的调整、修改方案，并逐级上报审批。

南京市通过建立规划空间指标平台，将分配至各镇街的规划空间指标，以及上级后续下达的规划指标按一定比例留存，并将其纳入市级平台，需求方通过有偿方式获得规划空间指标，即获得了用于开发建设的空间许可。由于目前市级交易平台条件尚不成熟，规划空间指标的价格仍以政府为主导，尚未形成真正意义上的市场价格。

6.2.2　计划指标市场

南京市土地指标交易除了规划指标外，还制定了建设用地指标交易配置暂行办法，由市国土资源局建立市级土地指标交易平台，允许各区将取得的建设用地指标（简称绿票）在市域范围内进行交易和流转，但不得囤积和私下转让。根据南京市建设用地指标的市场化实践经验描述，本书可从以下几个方面进行分析：

（1）交易对象

建设用地指标交易以土地综合整治建新指标为主，农转用计划指标为辅。建设用地指标市级交易平台的指标来自每年南京市调剂的部分土地综合整治建新指标、预留和追加的部分农转用计划指标，以及各区节余的跨区建设用地指标。[①]

（2）供需双方

建设用地指标平台的供给方为能调剂土地综合整治建新指标、预留和追加的农转用计划指标、有结余的建设用地指标的地方政府；需求方（竞购方）主要包括地方政府、开发园区、功能板块、土地储备机构等国有投资建设主体。

（3）指标交易价格

建设用地指标在市级交易平台以挂牌方式进行交易，通过现场竞价确定最后成交价格，其中建设用地指标交易底价在参考土地整治建新的指标成本和上一期建设用地指标挂牌成交价格之后，进行综合确定。

（4）指标使用

通过市级平台竞得建设用地指标的需求方，到市、区国土部门依法申请办理农用地转用或市级土地综合整治建新审批手续，涉及占用耕地的，需另外按规定购买补充耕地指标，缴纳相关费用。原则上，建设用地指标竞得人需在签订合同后四个月内使用完毕该指标。[②] 国土管理部门批准的规划内建设用地指标的使用有几个限定条件，一是必须按照年度计划量来使用，不能跨期调整；二是必须在城市规划区内使用；三是要严格限定在规划总量之内。

---

① 除南京市各区单独选址计划外，本区范围内建设用地指标交易配置不得低于80%。
② 在规定时间内未使用完毕，在竞得的土地指标使用完毕前，该竞得人不得继续在市级平台参与相应的土地指标交易。

南京市计划指标市场的交易主体为建设用地指标，有节余建设用地指标的地方政府作为计划指标市场的供给方，需求方通过市级交易平台以挂牌竞价方式竞得建设用地指标，上级主管部门不直接定价，但确定交易最低价。竞得方获得了建设用地指标，就拥有了将规划区内农用地或未利用地转为建设用地的条件，可以在城镇规划区内选定待开发地块，缴纳新增建设用地有偿使用费，另外按规定购买补充耕地指标，实现落地。

6.2.3 城乡建设用地增减挂钩指标市场

由于城乡建设用地增减挂钩政策是由早期的建设用地置换、周转和复垦节余指标逐渐整合、统一形成的，故本小节以政策法规的演变和地方实践的发展为依据，将其形成过程划分为三个阶段，具体内容见表6-1。

表6-1 城乡建设用地增减挂钩政策演变过程

发展阶段	主要政策法规	政策内容
探索阶段（1998—2004年）	《中华人民共和国土地管理法实施条例》	首次提出土地整理新增耕地面积可折抵建设占用耕地指标
	《关于鼓励开展农村土地整理有关问题的通知》（浙政办发〔1998〕91号）	浙江省首次对"折抵指标有偿调剂"做出规定
	《关于土地开发整理工作有关问题的通知》（国土资发〔1999〕358号）	折抵（复垦）指标政策在全国范围内具有合法性
	《中共中央 国务院关于促进小城镇健康发展的若干意见》（中发〔2000〕11号）	首次提出周转指标政策
	《国土资源部关于加强耕地保护促进经济发展若干政策措施的通知》（国土资发〔2000〕408号）	重申和明确了"建设用地指标置换政策""农用地整理指标折抵政策"和"建设用地指标周转政策"
	《国土资源部关于加强耕地保护促进经济发展若干政策措施的通知》（国土资发〔2000〕408号）	鼓励开展农用地土地整理，浙江省、福建省等地陆续加入建设用地置换、折抵和周转的探索和试验行列[1]
	《国务院关于深化改革 严格土地管理的决定》（国发〔2004〕28号）	标志着"建设用地指标置换""建设用地指标周转"等复垦指标政策逐渐演化、整合，被城乡建设用地增减挂钩政策所取代，并被赋予新的内涵

---

[1] 《关于建设用地复垦周转指标管理的若干意见》（浙土资发〔2001〕263号）、《福建省建设用地土地置换管理暂行规定》（闽政〔2001〕28号）、《关于实行建设用地指标置换和农用地整理指标折抵的意见》（鲁国土资发〔2003〕79号）。

续表

发展阶段	主要政策法规	政策内容
形成与试点阶段（2004—2010年）	《关于规范城镇建设用地增加与农村建设用地减少相挂钩试点工作的意见》（国土资发〔2005〕207号）	决定在全国开展增减挂钩试点工作，并对城镇建设用地增加与农村建设用地减少相挂钩的试点做出解释
	《关于天津等五省（市）城镇建设用地增加与农村建设用地减少相挂钩第一批试点的批复》（国土资函〔2006〕269号）	同意在江苏、山东、天津等五省（市）开展挂钩试点
	《国土资源部关于进一步规范城乡建设用地增减挂钩试点工作的通知》（国土资发〔2007〕169号）	严禁跨县级行政区域设置挂钩项目区
	《国务院办公厅关于严格执行有关农村集体建设用地法律和政策的通知》（国办发〔2007〕71号）	叫停浙江省折抵指标有偿调剂制度
	《城乡建设用地增减挂钩试点管理办法》（国土资发〔2008〕138号）	初步形成增减挂钩试点的国家方案
规范与统一阶段（2010—至今）	《国务院关于严格规范城乡建设用地增减挂钩试点 切实做好农村土地整治工作的通知》（国发〔2010〕47号）	明确将有关建设用地置换、周转等政策统一在增减挂钩政策框架中，标志着增减挂钩政策进入规范统一阶段
	《城乡建设用地增减挂钩试点和农村土地整治清理检查工作方案》（国土资发〔2011〕22号）	全面清理检查，部分试点叫停
	《国土资源部关于进一步严格规范城乡建设用地增减挂钩试点工作的通知》（国土资发〔2011〕224号）	提出完善增减挂钩制度政策，规范推进增减挂钩试点工作
	《国务院关于深入推进新型城镇化建设的若干意见》（国发〔2016〕8号）	完善、总结并推广有关经验模式，全面实行增减挂钩政策，开始步入良性发展阶段
	《国土资源部关于用好用活增减挂钩政策 积极支持扶贫开发及易地扶贫搬迁工作的通知》（国土资规〔2016〕2号）	允许贫困地区在省域内流转，各省份结合实际，制定城乡建设用地增减挂钩节余指标流转使用管理的暂行办法①
	《关于印发跨省域补充耕地国家统筹管理办法和城乡建设用地增减挂钩节余指标跨省域调剂管理办法的通知》（国办发〔2018〕16号）	深度贫困地区可实现跨省份交易

① 《嘉善县城乡建设用地增减挂钩节余指标交易暂行办法》（善政发〔2014〕104号）、《广西壮族自治区城乡建设用地增减挂钩节余周转指标交易暂行细则》（桂国土资规〔2016〕7号）、《安徽省城乡建设用地增减挂钩节余指标流转使用管理暂行办法》（皖国土资〔2016〕154号）、《江苏省增减挂钩节余指标流转使用管理暂行办法》（苏政办发〔2017〕101号）等。

从早期地方政府的探索，采用试点、试验等改革推进方式，到目前的规范与良性发展，城乡建设用地增减挂钩政策发展变化如图6-3所示（王婧等，2011）。

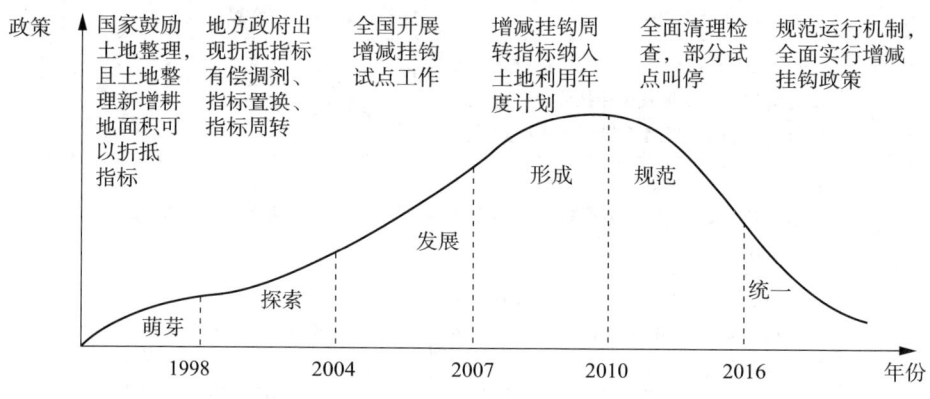

图6-3 城乡建设用地增减挂钩政策发展曲线

根据各省份开展城乡建设用地增减挂钩指标交易的市场化实践经验描述，本书可从以下几个方面进行分析：

（1）交易对象

城乡建设用地增减挂钩周转指标模式的特征是对城镇建设用地指标"先借后还"、对耕地资源"先占后补"，如图6-4所示。国土资源部先核发给有关县（市、区）周转指标，用于建新区的安置区建设，再通过对拆旧区地块进行整理复垦，形成新增城镇建设用地指标，归还先期使用的周转指标后，剩余的可用于建设占用耕地的指标即为挂钩结余指标。该指标兼具新增城镇建设用地指标和补充耕地指标的功能，可通过有偿交易转让给建新区的开发区用于建设。

在增减挂钩节余指标跨省域交易中，深度贫困地区不受指标规模限制，可将拆旧区建设用地整理复垦为耕地或其他农用地，经验收合格并通过省级国土资源行政主管部门认定，扣除搬迁农民安置、新农村基础设施、公共设施和非农发展建设占用耕地或其他农用地后，剩余的耕地或其他农用地可作为增减挂钩节余指标。

6 发展权转移机制设计的原理

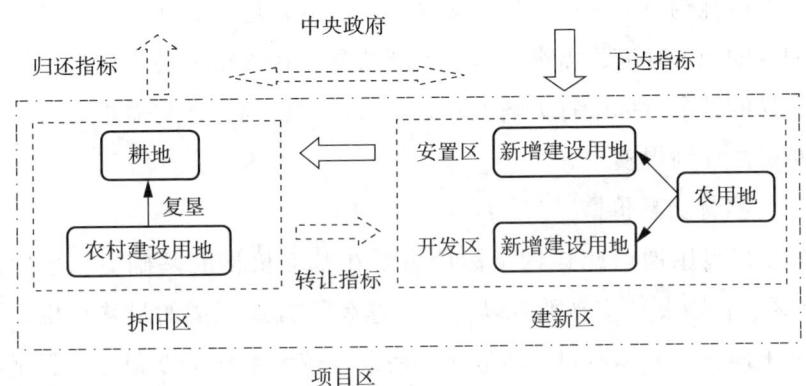

图 6-4 城乡建设用地增减挂钩指标政策实施框架

(2) 供需双方

在指标生产、使用和归还过程中，供给方分别为提供挂钩指标的拆旧区的农民和农村集体组织，以及挂钩指标落地的建新区的农民和农村集体组织。一方面，拆旧区的农民和农村集体经济组织在挂钩指标生产环节形成的挂钩指标，偿还周转指标后剩余的部分可转移给建新区；另一方面，建新区的农民和农村集体组织的土地被征收，等于将其所拥有的土地发展权转让给政府，使挂钩指标落地。城乡建设用地增减挂钩指标的需求方包括地方政府、用地企业、机构或个人。由于市、县人民政府国土资源主管部门负责挂钩结余指标的具体工作，企业和个人不得作为指标转让方参与指标交易，因此挂钩结余指标的流转主体是市、县人民政府（如图 6-5 所示）。

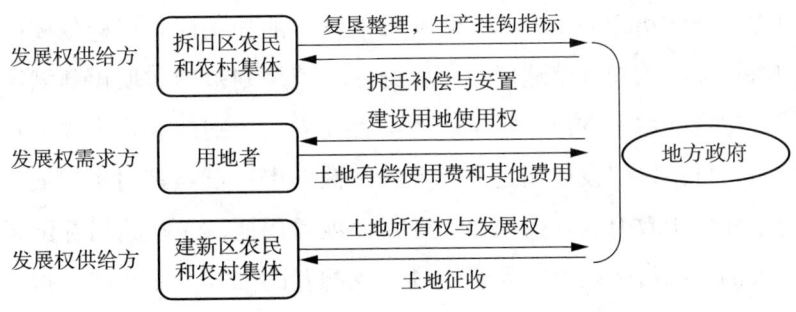

图 6-5 城乡建设用地增减挂钩市场的供需双方

在增减挂钩节余指标跨省域交易中，供给方是"三区三州"及其他深度贫困县的地方政府，需求方是东西部扶贫协作省市的地方政府。涉及跨省份交易的结余指标由省级国土资源部门进行管理，并与需求方协商提供节余指标的计划规模。

(3) 指标交易价格

城乡建设用地增减挂钩指标价格是在基准价格的基础上，通过各省（自治区、直辖市）交易平台以拍卖、挂牌等方式形成的最终价格。由于各地的土地整治成本不同，其基准价格也有较大差异，以湖北省鄂州市为例，其指标交易基准价格定为 16 万元/亩。以浙江省嘉兴市秀洲区为例，政府出台的相关办法明确要求区各镇、街道之间的农村土地整治增减挂钩节余指标调剂必须进入区公共资源交易中心平台，以招标、挂牌、拍卖等公开竞争方式进行交易，并严格执行 60 万元/亩的农村土地整治增减挂钩节余指标交易基准价格（全区基准价格每 2~3 年更新公布一次）。跨省域的节余指标是由国家统筹安排的，并没有形成市场价格，由国家统一制定调出价格和调入价格标准。

(4) 指标使用

城乡建设用地增减挂钩指标在城镇建新区的落地过程可从挂钩指标使用归还方式、挂钩指标落地区位、挂钩指标用途和挂钩指标配置方式四个方面来分析：①在挂钩指标使用归还方面，主要有两种方式：一种是"先生产后使用"的方式，即农村建设用地复垦验收合格形成挂钩指标之后，才能在建新区使用；另一种是"先使用后生产"的方式，即挂钩指标的使用可以先于挂钩指标的生产，只要在批准下达的挂钩周转指标规模内到期归还即可。②挂钩指标落地区位一般选在城镇规划范围和城市新城区范围内。③挂钩指标用途方面，除了经济实力较强的个别地区将小部分挂钩指标预留给农村集体建设使用之外，各省（区、市）试点都将全部或大部分的挂钩指标用于政府商业或工业等经营性项目用地。④挂钩指标配置方式方面，大部分项目都是地方政府通过行政配置的方式，落实挂钩指标在县域内或项目区范围内的落地位置、范围、规模及使用时序。

根据各地增减挂钩试点办法，增减挂钩指标市场在选定的项目区内进行封闭式运作，土地的空间置换限于项目区内进行，并要求拆旧区与建新区一一对应，指标仅限于挂钩项目区内拆旧建新使用，因此是有区域限制的；项目区的规模和布局由政府统一决定，所以指标交易是有总量限制的。由于只有少量的供给者和需求者，竞争不够充分，其类似于清淡市场。在具体的指标交易过程中，拆旧区通过将挂钩节余指标转移至建新区获得补偿，建新区获得指标用于开发建设，供需双方通过挂钩节余指标的有偿交易，达到双方受益的目的。

6.2.4 重庆地票市场

2008年12月，重庆农村土地交易所挂牌成立，创新性地提出"地票"交易的增减挂钩模式，并进行了首次地票交易。随后，重庆市政府以及重庆市国土资源和房屋管理局相继出台了关于复垦、价款分配等政策性文件和技术文件，《重庆市地票管理办法》（渝府令〔2015〕295号）成为我国首部专门规范地票的地方规章，也标志着重庆地票制度体系进一步健全。从市场交易情况来看，自2008年起，截至2017年11月29日，重庆农村土地交易所累计组织地票交易会80场，交易地票860宗，成交面积23.02万亩，成交金额达453.53亿元。[①]

根据重庆地票交易的市场化实践经验描述，本书可从以下几个方面进行分析：

（1）交易对象

由于重庆地票制度脱胎于城乡建设用地增减挂钩制度，地票是由土地权利人自愿将其废弃、闲置的农村建设用地按规定实施复垦，经验收合格后，在留足农村发展用地空间的基础上，形成的在土地交易所交易的建设用地指标。

（2）供需双方

地票供给方包括拥有农村建设用地土地所有权的农村集体经济组织和拥有该土地使用权的自然人、政府主管部门、专业复垦机构，或已经获得

---

① 笔者根据重庆农村土地交易所的交易数据计算得出。

地票的权利人。① 根据重庆农村土地交易所的地票交易情况，地票需求方主要有政府土地储备机构、民营企业、国有企业、园区建设单位以及个人等。由于地票是否产生、产生的规模大小是由农村土地权利人根据自身情况决定的，因此地票交易的供给并没有总量控制。

（3）指标交易价格

地票在重庆农村土地交易所公开交易，采取挂牌或者拍卖方式进行，② 重庆市国土资源主管部门制定并公布地票交易最低保护价格，重庆农村土地交易所根据地票市场供需情况、地票交易最低保护价格、近期地票成交情况等因素，确定拟公告地票交易起始价格。地票交易的价格包括建设用地复垦成本和土地权利人地票收益。

（4）指标使用

通过对农村建设用地复垦产生的地票，兼具新增建设用地计划指标和补充耕地指标的功能。在符合规划的前提下，持票人可以选定合适的地块，凭地票申请办理农用地转用手续，无须缴纳新增建设用地有偿使用费和耕地开垦费。此外，《重庆市地票管理办法》规定，地票在有条件的建设区落地，可以相应增加建设用地规划空间，相当于同时拥有了新增建设用地计划指标、补充耕地指标和规划空间指标，属于三合一指标，即既可以进行有条件的转让，也可以质押。此外，差异化使用地票规定了在原有获得地票的基础上，根据不同地区使用地票数量的比例，奖励额外的新增建设用地指标和建设用地规划空间指标。

重庆市政府构建市域范围内的指标市场，通过引导农民自愿将闲置、废弃、低效的农村集体建设用地复垦为耕地，经验收并在保障农村自身发展后，农村土地权利人可将形成的地票在重庆农村土地交易所出售，购得地票的土地权利人被允许在全市城乡规划范围内自由选择落地区域，也就可以将其"转移"到地价较高的位置来使用。由此，重庆地票经由一个公

---

① 《重庆市地票管理办法》第二十条规定，购得地票超过两年，或者因地票质权人行使质权的，权利人可以申请地票转让。

② 地票交易公告时间截止时，申购总面积大于可交易地票总面积的，采取拍卖方式交易；申购总面积小于或者等于可交易地票总面积的，采取挂牌方式交易。

开竞价的交易平台，通过市场机制实现了市域内不同交易主体的利益平衡。

6.2.5 发展权衍生品市场

6.2.5.1 基本农田异地代保市场

浙江、江苏、广东等省份较早实行基本农田异地有偿代保，[①] 即本行政区域将上级下达的基本农田保护责任委托给本省份其他行政区代为保护，并向受委托方支付补偿费用，其实质就是耕地占补平衡指标交易的最初形式。

根据浙江省基本农田异地代保市场化实践经验描述，本书可从以下几个方面进行分析：

（1）交易对象

基本农田异地代保的交易对象是代保方（受委托方）增加的基本农田保护数量，其空间来自土地利用总体规划编制时已经确定的基本农田，或是通过土地整理和标准农田建设而新增的基本农田（谭峻等，2004）。[②]

（2）供需双方

在实际中，基本农田异地代保一般不会突破省级行政区域，基本农田异地有偿代保的行为主体一般涉及两个不同的县级以上地方政府。基本农田异地代保的供给方，也称为基本农田代保方，一般为耕地资源相对丰富但经济欠发达的地区。基本农田异地代保的需求方，也称为基本农田委托方，由于经济发展和建设对用地空间造成压力，无法完成本区域基本农田保护责任，其一般为经济发达但耕地资源欠缺的地区。

[①] 基本农田异地有偿代保意向最初由义乌市政府提出，与龙游、武义两县协商，委托代报 0.267 万公顷基本农田，代保金约为 15000 元/公顷。

[②] 浙江省《关于加快 1000 万亩标准农田建设有关政策措施的通知》（2001 年 3 月 16 日）规定，标准农田建设后，新增的耕地经验收可核定为基本农田的，在依法、自愿协商的原则下，可以与城市或中心镇郊区原划定的基本农田，进行等面积置换。等面积置换分为两个部分：跨县置换称为"易地有偿代保"，在本县范围内的置换称为"集中置换"。

(3) 指标交易价格

在基本农田异地代保市场主要有两种方式来确定指标交易价格，一种是需求方直接缴纳耕地开垦费给市、县政府国土资源管理部门，由其安排供给方开发相应的新耕地，并提供相应资金；另一种是供需双方政府通过谈判协商，确定出让价格（臧妻斌、傅建春，2007）。浙江省基本农田异地代保的交易价格由需求方（委托方）向供给方（代保方）支付，并由供给方（代保方）纳入财政专户，专款专用于基本农田保护，任何单位不得侵占和挪用，其中补偿费用包括异地代保前期工作费、补划基本农田费等。在实践中，基本农田异地代保易受到较强的行政干预，① 代保价格和规模原则上由委托方和被委托方的政府自由协商确定，远没有形成真正的市场价格。

(4) 指标使用

基本农田异地有偿代保的需求方（委托方）向省政府申请跨县或跨市落实基本农田保护任务，并通过与供给方（代保方）协商订立"有偿代划和保护基本农田协议"，将供给方增加的基本农田保护数量落实到本县（市、区）范围内保护基本农田任务中，实现基本农田指标的使用，即需求方（委托方）每减少一个单位的基本农田，供给方（代保方）需相应增加一个单位的基本农田，并确保省域内基本农田总量不减少。

综上所述，由于一些地方政府无法落实中央在土地利用总体规划中逐级下达的基本农田保护任务，为保证基本农田总量不减少，政府通过有偿交易方式将基本农田保护任务向省域内其他地区进行等量外移，由供给方（代保方）承担基本农田保护任务，进而形成基本农田异地代保市场。如图6-1和图6-2所示，基本农田异地代保市场属于与发展权市场密切相关的发展权衍生品市场。

---

① 如杭州、宁波、温州等地的基本农田外移是由省委、省政府常务扩大会议决定的，并要求省国土资源厅负责落实。

6.2.5.2 补充耕地指标市场

《中华人民共和国土地管理法》规定，国家实行占用耕地补偿制度。① 近年来，各地在省域范围内开展了耕地占补平衡指标交易的探索。② 从实践情况来看，浙江、广东、江苏、湖南等在内的多个省份，从省级层面出台了补充耕地指标交易市场化运作的指导性文件，③ 分别对补充耕地指标入市交易条件、交易主体、交易行为、耕地开垦费标准、补充耕地指标流转收益和分配等做了详细规定。其中安徽、河南、江苏、广西等省和自治区已建立全省（区）统一的补充耕地指标交易平台，各设区市、县（市）可将结余的补充耕地指标通过该交易平台以挂牌或拍卖方式确定成交单位，实现指标的有偿出让和获取。

根据各省份补充耕地指标交易的市场化实践经验描述，本书可从以下几个方面进行分析：

（1）交易对象

《广西壮族自治区补充耕地指标交易管理暂行细则》规定，补充耕地指标的来源主要为宜农耕地后备资源开发项目、土地复垦项目及各地留存耕地占补指标。安徽省根据补充耕地指标的地类和质量等级具体划分交易

---

① 非农业建设经批准占用耕地的，按照"占多少，垦多少"的原则，由占用耕地的单位负责开垦与所占用耕地的数量和质量相当的耕地；没有条件开垦或者开垦的耕地不符合要求的，应当按照省、自治区、直辖市的规定缴纳耕地开垦费，专款用于开垦新的耕地。

② 国土资源部在相关规定中将新增耕地指标称为"耕地占补平衡指标"，但地方性规定的称谓有所不同，如江苏省称之为"补充耕地交易指标"，四川省称之为"补充耕地指标"，广东省称之为"耕地储备指标"等。

③《广东省补充耕地易地开发管理规定（试行）》[粤国土资（规保）〔2001〕33号]、《河南省易地补充耕地管理暂行办法》（豫国土资发〔2003〕86号）、《新疆维吾尔自治区易地补充耕地管理暂行办法》（新国土资发〔2008〕165号）、《关于进一步做好易地补充耕地管理工作的通知》（湘政办函〔2008〕122号）、《湖南省易地补充耕地管理工作实施细则》（湘国土资办法〔2009〕68号）、《海南省易地补充耕地管理办法》（琼土环资耕地〔2010〕12号）、《河南省国土资源厅办公室关于进一步严格控制易地补充耕地的补充通知》（豫国土资办发〔2011〕78号）、《安徽省补充耕地指标交易管理暂行办法》（皖国土资〔2013〕208号）、《四川省建设占用耕地易地占补平衡管理暂行办法》（川国土资发〔2013〕96号）、《福建省国土资源厅关于进一步加强耕地占补平衡工作的通知》（闽国土资综〔2014〕370号）、《江苏省补充耕地指标交易管理暂行办法》（苏国土资发〔2014〕10号）、《广西壮族自治区补充耕地指标交易管理暂行办法》（桂国土资规〔2015〕7号）等。

标的,且形成的补充耕地指标必须通过"农村土地整治监测监管系统"生成全国唯一的项目编号,才能进入市场交易。

(2) 供需双方

综合各省域内的补充耕地指标交易办法,补充耕地指标的供给方是在其辖区内已实现耕地占补平衡的前提下,有可供出让的补充耕地指标的地方政府,或者其授权的土地开发整理储备机构、建设用地单位等。补充耕地指标的需求方是为落实建设项目占补平衡通过有偿方式取得补充耕地指标的地方政府,或其委托的市、县国土资源部门,或市、县人民政府授权的土地开发整理储备机构、企业或单位。江西省政策规定,① 土地整治形成的耕地占补平衡指标只能归政府所有,除了政府之外的单位和个人可以通过耕地占补平衡市场交易来获得收益。在跨省域的补充耕地指标交易中,指标供给方是耕地后备资源丰富的省份,指标需求方是耕地后备资源严重匮乏的直辖市,必须是交通、能源、水利、军事国防等领域的重大建设项目才可以申请购买指标。②

(3) 指标交易价格

在补充耕地指标交易市场化之前,交易价格是由供需双方依据省级土地管理部门的相关法律法规经过协商确定的,主要取决于补充耕地的特征、交易时点、各地相关政府的税费要求等因素。目前各省份补充耕地指标的市场化实践是,通过公开挂牌或网上公开竞价的方式进行,其交易起始价格可由各省份综合考虑当地补充耕地成本、管护费用等因素确定。此外,经国务院批准补充耕地由国家统筹的省份,其指标价格根据占用的耕地类型确定基准价。

(4) 指标使用

根据各省域内补充耕地指标交易办法,补充耕地指标生产之后会立即纳入省域补充耕地指标交易库。补充耕地指标的使用,是以新增建设占用

---

① 《江西省国土资源厅关于土地整治项目新增耕地用于占补平衡有关事项的通知》(赣国土资发〔2016〕10号)第一条明确土地整治项目新增耕地的范围和指标归属。各类项目的管理按照"谁立项谁管理"的原则确定,各类项目新增耕地的占补平衡指标归属县级人民政府。社会投资项目新增耕地分收益不分指标,其收益标准由县级人民政府确定。

② 《跨省域补充耕地国家统筹管理办法》第五条规定,其有效期至2022年12月31日。

耕地面积为依据的。根据各地有关法规，使用补充耕地指标须通过国土资源部"报备入库"，确保补充耕地验收结果得到及时核实确认。① 各地国土资源局也要对补充耕地验收结果进行备案。需求方通过各地指标交易平台竞得补充耕地指标之后，必须用于所属行政区域的建设项目占补平衡，可减少同等数量的耕地保护考核任务。

在补充耕地指标市场中，省级人民政府及其国土资源管理部门，对本省域内各县（市、区）耕地占补平衡指标供给方与耕地占补平衡指标需求方进行统计，公开搭建耕地占补平衡指标交易平台，并制定市场交易规则，通过公开竞价方式，实现省域内不同地区异地有偿调剂补充耕地指标的交易行为。不同省份的补充耕地指标交易情况见表6-2。在交易机制方面，各省份都已搭建补充耕地指标交易平台，个别省份还建立了市级交易平台，可通过市场公开交易的方式，进行跨市或跨县指标有偿调剂，且通过交易取得的指标，不能再进入市场交易。交易主体一般为地方政府或其代理机构，其都以公开竞价的方式实现交易价格，有些省份对交易价格不做限制，有些省份则规定交易价格不能低于所在地耕地开垦费缴纳标准或征地拆迁补偿标准。获得的交易资金一般都用于耕地保护、基础设施建设等支出。

---

① 国土萧山分局、区财政联合出台的《关于进一步明确补充耕地指标使用管理有关问题的通知》规定，从2015年起，未通过"报备入库"或未获得验收编号项目的补充耕地指标，不得登记上账、预支使用和有偿调剂。

表6-2 各省份补充耕地指标市场交易特点

省份	交易机制	交易指标管理	交易主体	交易方式	交易价格	交易资金管理
安徽省	建立省级交易平台，市、县（区）补充耕地指标统一在平台进行交易	按照指标交易成交量10%对指标所在地进行挂牌奖励；通过交易取得的指标，不能再进入市场交易	供给方为市、县人民政府，省监狱管理局、省农垦事业管理局等政府职能部门；需求方为市、县人民政府或省级以上单独选址重点项目用地单位	挂牌交易	指标转让报价执行最低报价控制，不设置指标转让上限价格，但原则上引导转让价格在低于征地拆迁补偿标准范围内	所有收益金额汇入同级财政部门耕地开垦费专用账户，专项用于耕地开垦、耕地保护及高标准基本农田建设等支出
河南省	建立省、市两级交易平台，市级内部也可以由市本级统筹安排县域内指标	省辖市和省直管试点县土地开发项目20%的指标必须纳入省级交易平台进行交易；通过交易取得的指标，不能再次转让	供给方为市、县人民政府或其代理机构；需求方为市、县人民政府或其代理机构和单独选址项目用地单位	拍卖或挂牌交易	交易价格不做限制	收益列入土地新增费中的其他科目，主要用于土地整治活动，还可以用于了解决"三农"问题
广东省	建立省、市两级交易平台，省级平台负责跨省指标交易，市级平台负责本辖区内指标交易	通过交易取得的指标，不能再次转让	供给方为市、县人民政府土地行政主管部门及其授权的土地开发整理储备机构；需求方为市、县人民政府土地行政主管部门及其授权的土地开发整理储备机构、企业或公司	省级平台通过网上公开竞价方式进行交易；市级平台通过网上公开竞价或公开挂牌方式进行指标交易	省级平台交易价格不低于县和县级市辖区耕地开垦费缴纳标准；市级平台交易价格最低标准由市人民政府根据当地实际情况确定	指标收益纳入财政预算管理，按有关规定用于耕地开发、耕地保护、异地改造、农田林网等支出

6 发展权转移机制设计的原理

续表

省份	交易机制	交易指标管理	交易主体	交易方式	交易价格	交易资金管理
江苏省	搭建全省统一的补充耕地交易平台,也是全省补充耕地指标跨省辖市交易的唯一平台	通过交易取得的指标,不能再次转让	供给方为提供指标的市(县、区)和省有关部门及企业;需求方为市、县(市、区)人民政府及省以上重大基础设施项目用地单位	采用一次价或多次竞价的方式,现场挂牌交易	指标交易设立交易底价,交易底价标准为用地项目所在地耕地开垦费标准;交易价款包含竞标人按用地项目所在地标准应缴纳的80%部分补充耕地开垦费和补充耕地指标交易费	补充耕地指标交易费需用于土地整治与管理、基本农田建设与保护、涉农基础设施建设和生态建设等
广西壮族自治区	建立全区统一的补充耕地指标交易平台,跨县域使用指标必须通过交易平台进行	出让方的交易指标进人交易程序后,自治区补充耕地指标储备库会将交易指标冻结,未成交的指标可继续用于占补或出让交易,交易成功的指标不能再次出让	供给方为市、县人民政府或者建设用地单位;需求方为市辖区市、县人民政府	通过补充耕地指标网上交易系统以网上挂牌公开竞价的方式进行	交易起始价由出让方根据当地补充耕地指标建设成本并结合市场环境来确定,不得低于同地类现行耕地开垦费征收标准	补充耕地指标出让收人纳人一般公共预算管理,作为"其他(资产)有偿使用收人,全额缴人当地财政,实行"收支两条线"

6.2.6 经验总结

各地已经建立的发展权市场和发展权衍生品市场，尽管其交易类型不同，但都是地方政府在我国当前土地用途管制框架下，基于建设用地刚性的指令性管理，为获得更多发展进而对发展权进行市场化配置的探索和创新。本小结针对国内发展权市场的四种交易类型，进行比较和总结，具体内容见表6-3。

第一，由于发展权市场的交易类型不同，其指标来源也有所差异。其中规划指标和计划指标是由中央通过土地利用总体规划和土地利用年度计划自上而下进行层层分配的，尽管城乡建设增减挂钩指标已被纳入土地利用年度计划实行计划配置，但它和重庆地票都需要将农村建设用地整理复垦为耕地或其他农用地，经验收合格通过认定才能形成指标。

第二，各类指标最初都在市域范围内进行交易，中央、国务院根据扶贫开发的决策部署，探索贫困地区增减挂钩节余指标的交易，将城乡建设用地增减挂钩交易的范围从市域内扩展到省域内，目前针对"三区三州"及其他深度贫困县，可进行跨省域交易。

第三，规划指标市场、计划指标市场和城乡建设用地增减挂钩指标市场都是以地方政府作为交易主体建立的发展权市场，通过运用市场机制对中央下达的规划空间指标、建设用地指标、增减挂钩指标进行调剂和再配置。重庆地票是以个人或企业为交易主体建立的发展权市场。

此外，中国国内发展权市场的主要特征可归纳总结为以下四个方面：

（1）发展权市场是人工市场

各地建立的发展权市场区别于一般的商品市场，属于人为创设的市场，由政府建立和维持，具体表现在：

第一，政府创造供给和需求。我国的土地用途管制制度主要对指标实行指令性管理，地方政府获得的新增建设用地指标、城乡建设增减挂钩指标是由中央计划下达的，重庆地票就是在土地用途政策规定下产生的。比如，根据《重庆市地票管理办法》，土地权利人可通过将其农村建设用地按规定复垦为合格的耕地等农用地，经验收合格并留足发展空间后形成

6 发展权转移机制设计的原理

表6-3 国内发展权市场交易特点

交易类型	指标来源	交易范围	交易主体	交易方式	交易价格	指标用途	交易结果
规划指标交易	中央政府自上而下、层层分配至各镇街	辖区区域范围内	供需双方为地方政府	交易平台不成熟，由政府定价	政府统筹确定交易指导价	获得了用于开发建设的空间许可	市、区国土部门根据平台交易结果，依法编制土地利用总体规划调整、修改方案，并逐级上报审批
计划指标交易	每年市调剂的部分土地综合整治新增指标、预留的部分追加的农村建设用地计划指标及各区节余的跨区域建设用地指标	全市范围内	供给方为地方政府，需求方主要包括园区、开发园区、功能板块、土地储备机构等国有投资建设主体	挂牌	参考土地整治建新的指标成本和上一期建设用地指标挂牌成交价格，综合确定用地指标交易底价	拥有了将规划区内农用地和未利用地转为建设用地的条件	涉及国土部到市、区国土申请办理农用地转用或市级审批手续、涉及占用耕地的，需另外按规定购买补充耕地指标，缴纳相关费用
城乡建设用地增减挂钩指标交易	国家先下达计划指标，通过拆旧区建设用地整理复垦形成指标	市区范围内、省省域范围内	供需双方为地方政府	公开竞价，招标、拍卖，挂牌等	交易价格高于当地确定的基准价格，个别地区（如浙江嘉善）还设定最高限价	市区范围内建设用地目用地报批条件	买方获得挂钩指标大部分用于工商业等经营性用地
跨省城乡建设用地增减挂钩指标交易	将拆旧区建设用地或其他农用地复垦为耕地或其他用地，验收合格形成挂钩指标	跨省域调剂	供给方是"三区三州"及其他深度贫困县的地方政府，需求方是东西部扶贫协作省市的地方政府	国家定价	由国家统一制定，根据复垦土地类型和质量、地区的不同分别确定	等量增加城镇建设用地，且无须补充相应耕地	帮扶省份使用跨省域调剂指标进行建设，贫困地区获得补偿，并用于安置补偿、基础设施建设等
重庆地票交易	土地权利人申请农村建设用地复垦①	市域范围内跨区、县交易	供给方是农户、农村集体组织地方政府、专业复垦机构或已经获得地票的权利人，需求方为土地储备机构、企业或个人	公开竞价，挂牌、拍卖等方式	包含农村建设用地复垦项目成本、农村建设用地所有权和使用权人所得净收益，且后者有最低价限制	增加等量城镇建设用地，指标落地时冲抵新增建设用地使用费和耕地开垦费	农村建设用地发展权与城镇建设用地发展权空间置换

① 提出申请的农民家庭应拥有其他稳定住所和稳定生活来源。

可交易的地票。如果没有相应的土地管制规定，即使将农村集体建设用地复垦为耕地，也无法将其认定为农地转用指标。因此，由国家下达的建设用地指标和在国家政策允许的前提下通过复垦方式获得的指标是指标的主要来源。此外，指标的需求并不是在市场环境中自发形成的，而是由政府通过政策规定形成的，如重庆市经营性建设用地办理农用地转用手续时必须使用地票等。

第二，政府对发展权市场交易全过程进行指导和监督。政府是各项政策的制定者和实施者，地方政府的指标配置过程具有明确的政策导向性。以挂钩指标交易为例，地方政府在中央政府的指导和监督下，作为政策的具体落实者，组织指标的生产与流转，对出让指标的农民和农村集体组织进行安置补偿，还要协调并处理好各参与方的利益关系。除此之外，指标交易过程中进行的土地复垦整理等必须符合土地利用总体规划和农村土地整治规划等。具体到指标的产生、使用和有偿调剂等运作方式都是在政府出台的法规和政策的指导下开展的，甚至指标落地的范围、位置和规模都要符合规划，并由政府通过行政配置的方式落实。

（2）本质上是一个土地发展权市场交易和空间配置的过程

为弥补土地用途管制的刚性和不足，解决管制产生的"暴利—暴损"困境，各地政府在国家相关政策的指导下，在特定范围内进行指标交易的探索和实践，上文已论证新增建设用地指标、城乡建设用地增减挂钩指标、重庆地票等涉及农用地变更的指标是中国特色的发展权，不同的地方实践都是借鉴土地发展权转移制度的思路，实现指标在区域间的转移，本质上是一个土地发展权市场交易和空间配置的过程。在我国土地发展权市场中，交易对象是涉及土地用途变更的各类指标，通过发展权转移，生产指标的供给方获得经济补偿，获得指标的需求方获得了农用地转为建设用地的权利，等量增加城镇建设用地，实现了区域间不同交易主体的利益平衡。土地发展权的空间配置，显化不同地区的建设需求，弥补刚性的计划配置带来的效率损失。

（3）发展权交易价格是通过市场机制形成的

本书通过对各类发展权交易价格的形成机制的比较发现，除了规划指标交易平台条件尚不成熟、增减挂钩指标跨省域交易价格由国家统一制定外，多个省份的指标交易管理办法，都以发挥市场主导功能为出发点，通过挂牌、拍卖等公开竞价方式，在各地建立的指标交易平台进行发展权交易，也暗含了发展权的交易价格可通过市场机制形成。

（4）发展权市场运作存在项目化和制度化两种方式

目前各类发展权市场的交易过程中，有项目化和制度化两种运作方式。

第一，项目化方式。根据城乡建设用地增减挂钩各试点做法，当增减挂钩指标交易定位于一个项目区内，拆旧区与建新区事先指定并一一对应，实行"点对点"的封闭流动的情况，属于项目化方式。项目区的规模和布局都由政府决定，一方面，挂钩指标的总量是有限制的；另一方面，拆旧区通过复垦整理获得的挂钩结余指标只能转移到建新区。随着项目区拆旧和建新工作的完成，该项目也随即结束，说明整个交易过程有时间限制。不同地区的项目因实施目标、实施主体的不同，制订的实施计划也是独一无二的。

第二，制度化方式。增减挂钩指标交易存在一种制度化方式，如重庆地票交易。《重庆市地票管理办法》并没有事先指定一一对应的交易区域，也无限定的交易主体，更未对指标产生和指标落地的具体范围进行限制，只要在全市域范围内，土地权利人自愿将其农村建设用地通过复垦形式获得地票，都可以在重庆市农村土地交易所进行交易，只要竞得国有土地使用权，符合规划条件，持票人就可将地票在建设区进行落地使用，土地权利人复垦的区域与持票人落地使用的区域并不是一一对应的，且每次交易没有总量限制和时效限制。

6.3　土地发展权转移机制设计的目标及要点

国内土地发展权转移的本土经验为，将市场机制引入我国土地用途管制，并对此进行修正。在此之前，须明确土地发展权市场与土地用途管制的关系，确定土地发展权转移机制设计的目标及要点。

6.3.1 发展权转移机制设计的目标

土地发展权市场作为我国土地用途管制的一种辅助或补充，是政府引入的一种有偿调剂方式，并不是一个真正意义上的市场，而是在政府的约束机制下，由政府主导设计的发展权市场，不具备通常意义上市场的价格发现功能，土地发展权市场形成的交易价格也不是通常意义上市场的价格。

进一步地讲，引入土地发展权市场并非追求通常市场意义上的资源优化配置，而是土地用途管制的一种实施方式。换言之，要想发挥资源配置作用，反映真实的土地发展权供需状况，只需通过土地市场就可以进行判断，不需要也不应该通过土地发展权市场去发现价格。如果引入土地发展权市场是为了实现资源优化配置的逻辑成立，土地发展权市场应该符合经济学中市场的供需特点和价格规律，有需求就应得到满足，发展权可以直接进出市场，那就意味着我国不必进行指标控制，农转用审批等相关规定也不再适用。土地发展权市场交易本来就是土地用途管制的一部分，从属于土地用途管制，只是通过建立土地发展权市场的方式来实现土地用途管制不能实现的作用，这也是本书进行发展权转移机制设计的目标。

政府和土地发展权市场的功能定位分别是什么？发展权转移机制设计的目标是什么？本书将进行下面的分析：

第一，政府干预是土地发展权市场得以存在的前提，土地发展权市场交易的各个环节由政府发挥主导作用，如决定是否产生发展权、产生多少发展权、发展权如何赋值、发展权如何交易、发展权如何实现等，都要在政府制定的政策法规条件下进行。尤其是在土地发展权交易的过程中，政府创造了供给与需求，并通过调节供需关系形成发展权价格，进而形成不同交易主体之间的利益分配，其作用不可取代。

第二，由于土地用途管制并不具备经济利益调节的作用，无法对因管制而利益受损的地区或个人进行弥补，因此引入土地发展权交易的市场机制，作为政府的一种辅助和补充，而非将发展权交易完全交给市场，由市场在其中发挥决定性作用。引入土地发展权市场的功能在于对因土地用途管制而利益受损的地区或个人进行补偿，发展权转移机制设计的目标就是将土地发展权市场作为政府调节经济利益关系的一种实施方式，对刚性的土地用途管制进行市场化取向的修正。

6.3.2 发展权转移机制设计的要点

为解决土地用途管制造成的"暴利—暴损"困境，寻求更好的利益平衡，将市场机制引入我国土地用途管制，建立土地发展权市场。土地发展权市场是由政府通过创造交易主体、需求、供给、交易规则等建立的市场，政府扮演着市场的设计者、实施者和支持者的角色。发展权转移机制设计的基本思想是：政府以解决用途管制造成的利益不均衡问题为目标，将发展权拟制为一种具有经济价值的商品，并通过对发展权市场供给与需求的创造，以及对发展权市场交易规则的设计，实现交易主体之间的有偿交易，从而达到实现调节经济利益关系的目的。

具体的设计要点本书概括为以下四个方面：

(1) 创造交易对象

政府创建土地发展权市场，首先要拟制一种具有经济价值的商品，将其作为一种可交易的商品通过市场机制进行转移。英美法系的发展权在我国规划制度视域下表现为容积率，而在土地用途管制制度视域下表现为建设用地指标，包括涉及土地用途变更在内的规划指标、计划指标、城乡建设用地增减挂钩指标和重庆地票，都是在土地用途管制下形成的管制配额，其产生是完全由政府决定的，因此其描述为"由政府通过政策法规创设形成的一种拟制物"。作为交易对象，它是一种将农用地或未利用地转为建设用地的权利，可在土地发展权市场中进行有偿交易。

(2) 创造供给者

作为一个人为创建而非自发形成的市场，土地发展权市场最关键的要点在于政府要创造发展权的供给与需求。根据发展权市场目标，政府通过政策规定或交易规则，创造发展权供给者及供给。如对某历史古迹进行保护，则该历史古迹土地所有权人即为发展权的供给者，与此同时，供给者为永久保护该历史古迹而被政策赋予发展权；如按政策规定通过拆旧复垦验收合格的农用地所有者可自愿成为发展权市场的供给者，农民选择复垦的意愿越强烈，发展权供给也会越多。

（3）创造需求者

发展权市场为保证有效运行，同样需要创造需求者及需求，在我国现行指标计划配置模式下，并未形成可自由交易的发展权市场，而是由政府通过限制性的政策或法规，指定或允许某些区域通过发展权市场的有偿交易获得发展权，符合政策或法规的个人或企业可作为土地发展权市场的需求者。如一些地方政府明确经营性用地必须使用复垦指标等，需对经营性用地进行开发的相关主体即为需求者，所需的指标数量即为产生的发展权需求。

（4）制定交易规则

发展权市场具备了供给者与需求者，政府可通过建立发展权交易平台，制定发展权交易规则来指导供需双方实现发展权交易的过程。具体包括发展权基准价格的确定、交易程序、交易办法、资金使用与管理等。发展权交易市场为保证目标的实现，要按照政府制定的相关办法实施。如国内各省份地方政府会结合当地实际，出台指导性法规或交易管理办法，来指导各类指标市场的交易配置过程。

6.4 土地发展权市场结构设计

上文以地方试点方式逐步探索建设用地指标交易制度的改革路径，江苏、安徽、广东等多个省份出台了指标交易管理办法，在制度设计中赋予了指标可交易的特性，并以发挥市场主导功能为出发点，采取公开拍卖、挂牌竞价的方式进行指标交易，暗含了指标交易的价格可以由市场来决定。国内已有研究表明，以重庆地票为代表的土地发展权市场具有价格发现功能（郭振杰等，2009；程世勇，2010；杨庆媛等，2011；

苏康传，2012；谭峻，2013），且重庆市国土资源和房屋管理局（2011）也明确提出，重庆地票交易以市场化方式发现农村土地价格，并通过允许跨区县交易，使价格发现更为充分。

无论是相关政策法规还是理论研究，都明确提出了我国土地发展权交易可以通过市场化方式形成交易价格，该交易价格可以反映真实的土地发展权市场供需状况。究竟土地发展权市场的价格是如何形成的？形成的交易价格是否可以反映土地发展权市场的供需状况？本节通过土地发展权市场与一般商品市场、土地市场的比较，从理论层面分析土地发展权市场结构以及土地发展权价格的形成机制。

著名经济学家保罗·萨缪尔森将市场定义为将买者和卖者会集在一起交换商品的机制（黄贤金等，2009），市场具体包括市场主体、市场客体、市场信号、运行规则、调控体系等构成要素。基于此，本书的土地发展权市场主要从交易对象及其所有者、发展权供给、发展权需求、市场类型和政府调控五个方面与一般商品市场、土地市场进行比较。

6.4.1 交易对象及其所有者

土地发展权市场中的交易对象区别于一般商品，是一种拟制物，是在土地用途管制下形成的一种具有稀缺性和经济价值的公权力管制配额，其作为一种独立的、可交易的商品，在土地发展权市场中进行有偿转移。交易对象的产生完全由政府决定，如中央通过土地利用总体规划和土地利用年度计划自上而下层层分配的规划指标和计划指标，地方政府作为其所有者。如重庆、广东、安徽等地的土地发展权市场是在政府出台的政策规定下通过拆旧复垦农村旧住宅、废弃宅基地、空心村等闲置建设用地，将复垦腾退出来的建设用地指标的结余部分作为交易对象以公开交易方式在省域内或市域内进行流转。由于指标来自农村建设用地复垦，对应了一定数量的新增耕地，等于先行补充了相应面积的耕地，也相当于拥有了年度计划指标和补充耕地指标，因此可以增加等量城镇建设用地。土地发展权所有人是拥有农村建设用地土地所有权或使用权的农户和农村集体经济组织。

本节中的一般商品市场主要指消费品市场，交易对象是人类劳动创造的能够满足人们生活消费的社会产品，所有者即为该产品的权利主体。在土地市场中，土地有时表现为生产要素属性，有时表现为保存未来购买力的资产属性（野口悠纪雄，1997）。一方面，土地作为基本的生产要素为人类提供劳动条件、活动的空间和场所；另一方面，土地的资产属性体现于土地的权属特征，强调土地作为权利主体的财产，具有可交易性。土地资产的实现路径是通过对土地进行产权界定后，权利人依法对特定土地享有直接支配和排他的权利而体现的，可通过占有、使用、抵押、担保等方式获取收益（段正梁，2007）。土地市场的交易对象是各种内涵不同的土地权利，包括土地使用权、抵押权、担保权等；所有者即为拥有该权利的土地权利人。

土地发展权市场与两类市场的区别在于，其交易对象是由政府通过政策法规创设形成的一种拟制物，具体表现为新增建设用地指标、城乡建设用地增减挂钩指标和重庆地票，土地发展权所有者受政策引导的激励，通过土地发展权的有偿交易获得收益。

6.4.2 发展权供给

不同地区土地发展权市场的供给主体有所不同。中央下达的规划指标和计划指标的供给主体是地方政府。城乡建设用地增减挂钩指标根据各地做法的不同，其供给主体也有所不同，如广东省的各地级以上市、县人民政府是拆旧复垦指标的供给主体；安徽省的集中连片特困地区、国家扶贫开发工作重点县（区）和开展易地扶贫搬迁的贫困老区所在的县人民政府是增减挂钩指标的供给主体。重庆地票是以拥有农村建设用地土地所有权的农村集体经济组织和拥有该土地使用权的自然人为供给主体；除此之外，政府主管部门、专业复垦机构和已经获得地票的权利人也是重庆地票的供给主体。土地发展权的供给如何产生？除了规划指标和计划指标由中央政府下达之外，通过复垦等形式形成的指标，一方面取决于政府规定可以生产指标并进行交易的区域有哪些，如广东省规定保障2277个省定贫困村以及韶关市乳源瑶族自治县等34个县（市、区）拆旧复垦形成的复垦指标可进行优先交易,安徽省规定金寨等 20 个重点贫困县(区)实施城乡建设用地挂钩结余指标交易;另一方面取决于该区域农村建设用地的复垦潜力和农民的复垦意愿,具体包括农村人口数量、自然地理条件、经济社会发展等要素。根据经济学原理,发展权供给取决于价格引导下的厂商行为,在其他条件不变的情况下,随着发展权供给价格的升高,农民选择复垦的意愿越高,发展权供给也会越多,这符合经济学中的供给定理。

一般商品市场以粮食市场为例,供给主体是生产粮食的农民。如图 6-6 所示,粮食市场的供给量随粮食供给价格的升高而增加,但粮食的供给量受粮食种植面积、粮食生产技术和自然条件等因素的制约,供给弹性较小。当粮食市场价格变动时,供给不能立即做出反应,生产者对市场价格变动的反应集中体现在下一个收获季节,可能会导致供给的大幅度变化,使波动周而复始。

在土地市场中,土地的供给通常分为自然供给和经济供给两种(毕宝德,2011)。受区域、自然条件的限制,土地的自然供给量是固定的,不能进行调整。如图 6-7 所示,土地市场的自然供给曲线 SS 是一条垂直于 X 轴的直线,基本无弹性。受国民经济发展、土地政策法规、社会需求等因素的影响,土地的经济供给是变化的、有弹性的,且不同用途土地的供给弹性是不同的。如用于农作物生产的土地弹性较小,而用于建筑用地的土地经济供给弹性较大,随着供给价格的升高,土地供给量也会随之增加,反之则相反。这种存在于土地供给与地价之间关系的土地经济供给曲线 SS 是向上倾斜的,如图 6-8 所示。

本部分将上述决定供给的主要因素综合起来,可以得到供给函数(蔡继明,2002),以粮食市场为例:

$$S = g(P, T, P_F, E,) \tag{6-1}$$

式(6-1)中,S 表示产量,P 表示商品本身的价格,T 表示技术,P_F 表示生产要素价格,E 表示预期,不同市场提供商品的数量的取决要素不同。不同市场的供给曲线表示不同价格水平下生产者的意愿,以及能够提供给市场的数量,三类市场的供给曲线均符合经济学的厂商理论。

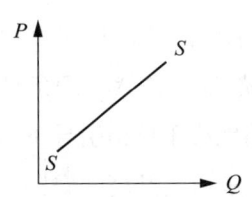
图 6-6　粮食市场的供给曲线

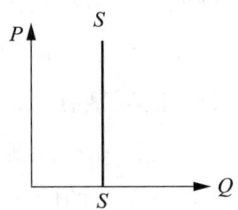
图 6-7　土地市场的自然供给曲线

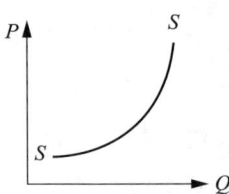
图 6-8　土地市场的经济供给曲线

6.4.3　发展权需求

在我国土地用途管制和城镇建设用地指标计划配置模式下，各级政府是土地发展权的最大需求主体。如广东省拆旧复垦节余指标的需求主体是各市、县（市）人民政府；安徽省增减挂钩节余指标的需求主体为指标受让方外的省内其他市、县（市）人民政府；重庆地票的需求主体主要有地方政府的土地储备机构和进行房地产开发的用地企业。土地发展权市场的需求并非在市场中自发形成的，而是政府通过政策法规做出某些限制性规定而形成的。如《重庆市地票管理办法》第三十三条规定，重庆市新增经营性建设用地办理农用地转用手续时必须使用地票；广东省明确了珠三角地区 9 个地级以上市商业、娱乐和商品住宅等新增建设用地出让应按要求与复垦指标挂钩；当各地级以上市有指标需求但可购买指标不足的，省可按照市申报需求情况下达复垦周转指标，各地级以上市及时通过购买复垦指标予以归还。①

土地发展权市场的需求是由作为生产要素的土地引起的，消费者对土

---

① 《广东省人民政府关于印发广东省全面推进拆旧复垦促进美丽乡村建设工作方案（试行）的通知》（粤府函〔2018〕19 号）。

地产品的需求最终会导致土地发展权市场中政府或用地企业对土地发展权的需求（萨缪尔森，1986）。城市人口对住宅用地需求的增加，导致住宅价格上涨，从而吸引了更多的开发商。由于对经营性用地的指标限制，最终导致土地发展权市场需求的增加。理论上，土地发展权价格、城市人均居住面积、各类产业用地的需求程度、房地产市场状况等因素都会影响土地发展权需求量，但根据重庆等地规定，经营性用地只能通过购买土地发展权来实现，土地发展权市场不会因为土地发展权价格的升高而减少需求量，土地发展权的实际需求量并不完全受上述因素的影响，这不符合经济学中的需求定理。

粮食市场的需求主体包括消费者或粮食收购企业。受消费者人口数量、收入水平和市场规模等因素的影响，粮食需求基本上维持不变，受价格的影响较小。如图6-9所示，在其他因素不变的情况下，粮食的需求量与价格呈负相关。土地市场的需求主体是具有一定支付能力并具有土地产权愿望的经济主体，包括房地产开发商、生产型企业及公共事业单位等土地使用权人。在图6-10中，需求曲线DD向下倾斜，表明在某一时期的某一土地市场中，在土地供给不变的情况下，土地需求随着土地价格的升高而减少。土地需求取决于城市经济发展水平，具体影响因素有城市人口数量、居民收入水平、消费结构及相关政策等。

本部分将以上决定需求的主要因素综合起来，得到需求函数（蔡继明，2002），以粮食市场为例：

$$D=f(P, Q, I, P_e) \qquad (6-2)$$

式（6-2）中，D表示需求量，P表示商品本身的价格，Q表示人口数量，I表示收入，P_e表示预期价格，不同市场的购买量取决的要素不同。

通过对比分析可以发现，①土地发展权市场的需求主体并非市场中的影响因素形成的需求，而是由政府一手创造的，不符合消费者行为理论。②土地发展权市场的实际需求量不会完全因土地发展权价格的高低而产生影响，不符合需求定理。

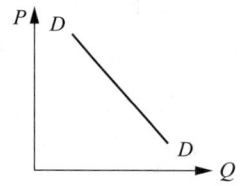 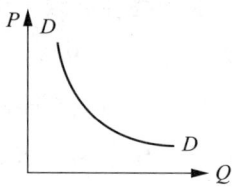

图6-9 粮食市场的需求曲线　　　图6-10 土地市场的需求曲线

6.4.4 市场类型

经济学中根据参与交易者的数量、交易产品的替代程度、交易者信息的完全性和对称性程度、进入或退出一个行业的难易程度等特征，划分为完全竞争市场、垄断竞争市场、寡头市场和垄断市场四种市场类型（陈钊等，2016）。

土地发展权市场作为一个清淡市场（thin market），只有少量的供给者和需求者，交易信息不对称，竞争不充分，交易流动性低，且相对更为停滞；土地发展权的供需并非在市场环境中自发形成的，而是由政府一手创造的；土地发展权的供给者和需求者在市场中的个体行动自由受到公权力的限制，要按制定的规则进行交易，进入或退出市场都由政府来决定。在经济学中，市场的特性表现为商品生产者和经营者的经济活动在价值规律的自发调节下追求自身的利益、政府的管控相对较少等。相对而言，土地发展权市场是一个政府人为创造的市场，并不具备上述特点，严格意义上讲，其并不是一个市场，不具备市场的形式和特点，也不符合任何一种市场类型的特点。

粮食市场存在相互竞争的多个供给者和需求者，自由竞争较充分；市场上每一个供给者提供的商品都是完全同质无差异的；每一个供给者和需求者对市场价格都没有任何的控制力量；资源具有完全的流动性，供给方进出市场较为容易，且供需双方在某种程度上存在决策自主权；交易信息对称，符合竞争市场的条件，但农业不可能做到"完全市场化"。

在我国土地市场中，以土地使用权出让为例，市场的供给者只有国家，这种对生产要素资源的独占，排除了其他厂商进入该市场的可能性；

政府管制较为严格，对参与者也有限制，在一定时间内，只有少数需求者，导致土地竞争不充分，土地市场交易效率较低；买卖双方信息不充分，进出市场较为复杂和困难，难以适应市场变化，属于垄断市场。以土地使用权转让为例，市场上有多个土地供给者和土地需求者；交易信息完整，交易方式和交易价格均由市场决定，土地竞争较为充分，市场交易效率较高，交易双方能获得更大的经济效益；供给者和需求者有自我决策权，进入或退出市场较为自由，属于竞争性市场（毕宝德，2011）。

6.4.5 政府调控

土地发展权市场由政府建立和维持，整个市场运作也在政府的干预下开展，如作为交易对象的重庆地票就是通过政策规定创造的。此外，地票的打包方式、交易场所、交易方式、交易起始价格及落地使用也由政府来决定。不同的是，政府对粮食市场和土地市场仅限于宏观调控，如我国政府通过减免农业税、设定最低收购价、临时收储和"四补贴"等多元化调控政策，并配合进出口、储备和竞价销售等系列措施来稳定粮食市场；政府对土地市场的调控主要表现在立法手段、税收和金融等经济手段，建立土地储备制度和制订全国土地利用年度计划等行政手段三个方面。

6.5 本章小结：土地用途管制与人工市场的融合

土地发展权市场的交易对象区别于一般商品的特征，是由政府创设形成的一种拟制物，可以在政策规定下以公开方式进行有偿流转。在土地发展权市场中，发展权供给取决于价格引导下的厂商行为，在其他条件不变的情况下，发展权供给量随着发展权价格的升高会相应增加，这符合一般市场的厂商理论。区别于其他两类市场的是，发展权需求并非在市场中自发产生，而是由政府通过政策进行调节的，发展权需求量不会因为发展权价格的降低而增加，也不会因为发展权价格的提高而减少。以重庆地票为例，在公告中供应的地票没有成交的情况下，其要继续拍卖或挂牌交易，市场此时并不会自动调节价格，而是通过政府采取的措施增加需求来实现地票的交易。一般商品市场与土地市场的价格形成机制是供给者与需求者在市场力量推动下相互作用的结果，而土地发展权市场的价格是在政府创造供给与需求的基础上形成的。

价格发现功能可以连续不断地反映市场的供求关系及其变化趋势，并形成和实现竞争性价格。一般商品市场和土地市场的交易价格是供需双方在共同竞争条件下实现的，这符合经济学中的供求规律。当市场价格发生偏离时，市场上总存在供需变化的力量，最终达到市场均衡，两类市场均具备价格发现功能。根据对土地发展权市场的供给、需求和市场类型等特点分析，本书发现土地发展权市场并不具备价格发现功能，主要表现在：①土地发展权交易的参与者较少，竞争不充分，少量的买家和卖家无法代表供求双方的力量，无法形成竞争价格。②土地发展权市场的供需不完全符合经济学的供求规律，土地发展权价格在政府创造供需的前提下产生。③土地发展权市场存在信息不确定性和不充分性，无法对发展权未来的供求关系及其变化趋势进行判断和预期。④土地发展权的供需状况和价格高低，只需土地市场就可以判断，土地发展权价格并不是通过引入土地发展权市场来发现的。⑤土地发展权市场是土地用途管制的组成部分，政府通过人为创造市场，引入一种有偿调剂方式，对利益受到限制的区域和个人进行补偿。土地发展权市场只是一种叫法，并不是一个真正的市场，不具备通常意义上市场的功能，"徒具其形，不具其实"。

土地发展权市场即为修正后的市场机制，与我国的土地用途管制有机融合为一体，就形成了土地发展权转移机制。为解决刚性管制引发的各种问题，政府通过引入市场机制，并对其进行修正和设计，使土地发展权市场成为一个人工市场，而非真正意义上的市场；将修正后的市场与土地用途管制协同在一起就是土地发展权转移机制，即"土地发展权转移机制＝土地用途管制+修正后的市场（土地发展权市场）"。因此，土地发展权转移机制既包含了土地用途管制，又包含了土地发展权市场，此时的土地用途管制不再是以前的管制，其刚性被弱化；而市场也不是一个完全市场，成为一个人为创设的非真正意义上的市场。

7 发展权转移机制设计的关键技术及技术路径

根据发展权转移机制设计的原理，土地发展权市场是经过修正后的市场，是一个人工市场，由政府建立、干预和管控。严格来讲，发展权转移机制设计的技术，即发展权转移机制设计所采用的方法、手段和模式，实质是土地用途管制与土地发展权市场衔接的不同方式。其中，土地发展权市场是设计土地发展权转移机制的重要部件之一。

本章提出发展权转移机制设计应遵循的技术原则，在此基础上，对发展权转移机制设计的关键技术分别进行论述，并提出发展权转移机制设计的两条技术路径，发现二者最大的不同在于发展权市场构造的差异，本章从基本规定性、应用路径、优势及风险等方面分别进行分析。

7.1 发展权转移机制设计的技术原则

发展权市场作为我国土地用途管制的一种辅助和补充，并不是沿着完全自由化和商业化的道路进行发展权交易的，而是在政府的约束机制下，由政府主导建立的。且政府在进行发展权转移机制设计时，必须明确并遵循以下技术原则。

7.1.1 自愿原则

政府进行发展权转移机制设计时，应给予相关主体充分的自由，在不违背法律政策规定的前提下，相关主体可以不受他人支配，有选择是否参与发展权转移、选择发展权交易行为的内容或方式等自由。自愿原则是保证发展权创设以及发展权市场交易公平和有效的前提条件。如供需双方有充分的自主选择权，供给主体可以选择是否通过复垦农村建设用地获得发展权，需求者可选择是否购买或购买多少发展权。

7.1.2 生态保护原则

由于土地分区管制的存在，历史古迹、生态敏感区、开敞空间、农用地等一律禁止开发，为更有效地对其进行保护，可将其作为发展权分配的对象。发展权转移机制技术在设计时，应树立耕地质量与生态保护的理念，对于生态功能重要保护区域，其生态功能越重要，单位面积可分配的发展权数量就越多；涉及农用地保护时，农用地质量等级越高，可分配的发展权数量就越多。

7.1.3 因地制宜原则

城乡建设用地增减挂钩制度规定，可通过将建设用地复垦为合格耕地，经复垦验收后形成"指标"进行交易。但现实情况需求有所差别，有些区域由于不易复垦为耕地而无法参与指标交易；有些区域的地块复垦后，作为林地或草地等更具有生态效益和经济效益。因此，创设发展权可依据因地制宜原则，按照宜耕则耕、宜林则林、宜草则草的原则实施复垦，验收合格后的土地均可以申请参与发展权交易。《重庆市 2018 年全面深化改革工作要点》明确了拓展地票生态功能的改革思路。

7.1.4 权利与义务对等原则

政府在创设发展权和制定交易规则时，应遵循权利与义务对等原则。相关主体享有赋予发展权及通过有偿交易获得经济补偿的权利，同时应承担对完成发展权交易的历史古迹、生态敏感区、开敞空间、农用地等进行保护的义务，不能再将其用作其他开发活动，这也是实行发展权转移的意义所在。

7.1.5 可操作性原则

在严格的土地用途管制框架下,为实现对某生态敏感区的保护、对保有耕地农户的利益补偿等目标,政府形成的发展权赋值及实现方案、制定的交易规则等均应具有可操作性和灵活性,这样不仅能依据科学合理的技术与方法实施,且能确保被保护的生态脆弱区不被破坏、农用地质量不降低等,进而有效地实现发展权市场目标。

7.2 发展权转移机制设计的关键技术

发展权转移机制在设计中,以解决土地用途管制造成的利益不均衡问题为目标,将发展权拟制为一种具有经济价值的商品,并通过对发展权市场供给与需求的创造,以及对发展权市场交易规则的设计,实现交易主体之间的有偿交易,从而达到实现调节经济利益关系或优化公权力配额分配的目的。其中,发展权转移机制设计的关键技术包括发送区与接收区的设置、发展权的赋值与实现。

政府在进行土地发展权转移机制设计时,应树立耕地质量与生态保护的理念,遵循并从定性分析到定量控制,从指导性原则到实施手段,建立一套农用地质量与生态保护的控制方法,具体可从以下四个方面开展。

7.2.1 发送区设置

根据典型国家(地区)发展权转移机制的应用目标,分区管制造成的保护对象较为多元化与复杂化,如历史古迹、生态敏感区、开敞空间、农用地等。根据我国的现实国情,当前的农地保护形势较为严峻,尤以耕地保护最为突出,如何有效引导农户和激发耕地保护相关主体参与的自主性和积极性,是可以通过设计土地发展权转移机制来解决的问题。土地发展权转移机制设计首先应对发送区进行设置,该处的发送区主要分为两类,一类是固定的发送区(fixed sending area),另一类是非固定的发送区(floating sending area)。

（1）固定的发送区为因土地用途管制而受到发展限制的指定区域，建立的发展权转移机制解决的是该发送区域的特定问题，更具针对性和目的性，可依据限制发展的农用地类型，仅赋予该指定区域内相关农用地保护主体一定数量的发展权，且该部分发展权只能转移至指定的、与之相对应的接收区。

（2）非固定的发送区为因土地用途管制而受到发展限制的非指定区域，建立的发展权转移机制解决的是一个区域（县域内、市域内、省域内或全国范围内）的普遍问题，可通过建立一套标准化和规范化的规则，确定赋予发展权的条件，只要符合该条件，该区域内相关主体就可获得发展权，并可与区域内的其他主体进行交易。

根据土地发展权转移原理，发送区是因分区管制受到发展限制且需要进行保护的区域，也是政府或相关政策法规赋予发展权的区域，发送区设置包括规划管制、开发限制等因素。从耕地质量与生态保护理念出发，国家将区域内土地划定为基本农田保护区、历史文化资源保护区和生态敏感区等，根据发展权转移机制设计目标，将上述禁止开发与建设且需要获得保护的区域作为发送区。根据实施的差异化空间管制，可选择将生态脆弱区或生态功能、产能等级较高的农用地作为赋予发展权的优先选择对象。通过发展权转移机制设计，生态脆弱的农用地可以获得补偿资金，达到及时修复和改善的目的，避免生态进一步退化；而生态功能和生产功能较强的农用地可保持其土地利用现状不改变和质量不降低。

根据我国的实际国情，发送区的设置主要包括两种情形。第一种情形：土地利用现状为农用地且未被规划为建设用地的区域；第二种情形：土地利用现状为建设用地，通过复垦形式成为农用地的区域。

7.2.2 发展权赋值

根据发送区设置的两种情形，相应地，发展权赋值有两种方式。一是将原本通过计划下达的建设用地指标直接赋予相关主体；二是通过将农村建设用地复垦为农用地，经验收后获得发展权。

在进行发展权赋值时，若直接赋予不同类型、不同质量的农用地相同的发展权数量,或将农村建设用地复垦的不同类型、不同质量的农用地赋予相同的发展权数量,都无法真实反映发展权价值,可能出现农用地质量较低的土地所有者热衷于参与发展权交易活动,而农用地质量较高的土地所有者选择不参与发展权交易的情况,容易导致偏离保护目标。因此,需确定发展权赋值的依据和标准,以真实反映发展权对不同类型和不同质量等级农用地赋值的差别。

土地发展权转移原理,主要解决土地用途管制造成的利益不均衡问题,由于土地用途管制涉及土地的区位、质量、产能、生态等因素,因此,发展权赋值的依据除了农用地的类型、农用地质量、农用地产能外,还应考虑农用地的生态功能。其中,农用地生态安全评价包括人均耕地面积、人均水资源量、单位面积耕地"三废"负荷、主要气候灾害发生频率、土地退化率等因素,农用地生态安全评价的空间尺度不同,涉及的调查评价内容也不同(田克明、王国强,2005)。鉴于农用地生态安全综合评价需要调查的资料更加详细,涉及影响因子的可获得性较低,本书暂不将其作为发展权赋值的依据。本书仅考虑以农用地类型及质量作为发展权赋值的依据,以农用地产能来区分不同类型、不同质量农用地可获得的发展权数量。

发展权赋值分为两种情形:第一种情形,设置固定的发送区,可分配的发展权总量是固定的。如果通过直接方式赋予相关主体发展权,由于不同类型、不同质量的农用地可提供的生产价值不同:首先,根据发送区的农用地类型及质量等级,选定一个参照标准,如将等别为 i 的耕地作为标准耕地,每单位标准耕地可获得 1 个单位的发展权,将耕地其他不同等级的产能对照该标准耕地的产能,求得不同等级耕地单位面积可获得的发展权数量。其次,由于园地、林地、草地等其他农用地不涉及农用地分等定级,可依据标准耕地的产能,直接对园地、林地、草地单位可获得的发展权数量赋值。最后,当发展权被直接赋值时,可将发送区可分配发展权的农用地转为统一的标准耕地,通过发展权总量与标准耕地总量的比值得出每单位标准耕地可获得的发展权数量,再依据发送区相关主体拥有的农用地类型、质量、面积,计算出不同主体可获得的发展权。

第二种情形，不设置固定的发送区，可分配的发展权总量是不固定的。当对通过复垦形式成为的农用地进行赋值时，由于土地利用现状为建设用地，复垦成为农用地后，只能根据验收标准认定是否符合耕地、林地等标准，而无法获得耕地质量分等定级的数据。因此，在该情况下，无须判定耕地质量等级，只需根据不同农用地类型制定发展权赋值标准即可，如将复垦为高标准农田、一般耕地或其他农用地，分别设置每个单位不同农用地可获得的发展权数量。

7.2.3 接收区设置

根据发送区的两种分类，接收区可以相应地分为固定的接收区和非固定的接收区。无论属于何种情形，都是由政府通过规划或限制条件规定允许开发或建设的地区，是可以购买发展权的地区，通常是具备发展目标、基础设施条件、开发潜力的人口聚集区或城市地区。

接收区设置需考虑三个方面的因素：一是接收区所在地区的区位条件及发展潜力；二是接收区用于开发建设的项目用途；三是接收区被占农用地类型及质量。为确保接收区对发展权的足够需求，需优先考虑接收区的发展潜力和用于开发建设的项目用途。为确保被占用农用地与保护农用地的质量不降低、生态不被破坏，接收区被占用农用地应与发送区被赋予发展权的农用地类型及质量挂钩。

7.2.4 发展权实现

发展权赋值是指发送区如何获得1个单位的发展权，而发展权实现是指接收区获得1个单位的发展权意味着什么。原则上，接收区购买的发展权数量对应发展权实现的数量，为确保不同区域被占农用地的质量（特别是耕地）与保护农用地的质量不降低，在发展权实现时，接收区获得的发展权应该与被占农用地的质量挂钩。如果出现接收区被占农用地质量高于发送区赋予发展权农用地质量的情况，应相应减少接收区发展权可实现的数量，即要将发送区赋予发展权的农用地与接收区被占农用地的数量与质量相对应。

根据土地发展权转移原理，发送区赋值的发展权要与发送区的农用地质量挂钩，当接收区购买了发展权，在发展权实现时，也应与接收区被占农用地的数量和质量挂钩。因此，为确保接收区获得的发展权与发送区被赋值的发展权内涵保持一致，且被占农用地与保护农用地的质量不降低，根据发展权赋值的技术方法，要对接收区被占农用地的类型、等级、面积对应的发展权数量进行测算，以确保接收区获得的发展权与被占农用地对应的发展权内涵保持一致。此外，无论是通过对农用地直接赋值的方式，还是通过将农村建设用地复垦为农用地之后获得发展权的方式，当发展权交易结束之后，都应确保获得发展权并完成交易的该部分农用地不改变其用途，且应保证与其直接赋值或复垦验收时的农用地质量等级保持一致，不得降低。

7.3 发展权转移机制设计的技术路径

7.3.1 发展权转移机制设计的技术路径Ⅰ：项目化

7.3.1.1 项目化机制的基本规定性

项目化机制是政府设计发展权市场的一种模式、方法和手段，它是指在一定时间和总量控制内，将具有特定目标的多项相关活动视为一个项目，并按项目化的方法和机制进行市场设计。根据对不同国家的发展权转移项目案例分析，以项目化机制建立的发展权市场有事先指定的一一对应的发送区和接收区，有特定的交易主体，每个项目都是一事一议，服从于一个特定的目的，一个目的建立一套规则，一套规则形成一个市场，且建立的每一个发展权市场都是独一无二的。本小节以中国国内城乡建设用地增减挂钩指标市场及其他国家（地区）的发展权市场为例，进一步分析发展权转移项目化机制的特征及具体表现。

（1）特定目标性

发展权转移项目是根据特定目标开展的，特定的目标是发展权转移项目的方向,也是实施发展权项目的原因及希望达到的状态,其可以影响发展权项目交易的各个环节。比如,美国马里兰州蒙哥马利县实施发展权转移项目的目标是保护农业耕地和农村开放空间,并将目标量化为至少40000英亩农田和森林得到保护,为实现这一目标,政府通过分区规划进行土地发展权转让计划的设计和实施。

（2）特定空间性

从特定的目标任务出发,政府结合分区规划中的土地用途分类,事先选择项目交易的特定区域,明确、详细地设定发送区和接收区,组成一个项目区,且发送区和接收区是一一对应的。根据美国发展权项目的运作,政府决定哪些地块被允许出售发展权,哪些地块可以使用发展权来发展。发送区的确定是为了实现对限制发展区域的土地所有者赋予发展权,接收区的确定则是为了实现土地所有者转移并量化其发展权价值,只有在项目特定的区域内才能实现发展权交易,而在政府设立项目之外的任何区域,土地所有者都没有被赋予发展权以及发展权交易的权利。

（3）特定主体性

发展权转移项目只适用于特定的主体,对特定主体之外的其他主体并不适用。

（4）交易总量控制

特定区域的发展权交易是通过总量额度的限制来实现保护特定目标的,发送区的土地所有者可提供的发展权数量是确定的,一个项目可以分为多次交易,但所有的交易潜在的总需求和总供给都是通过这个发展权交易项目一次性创造的,政府对发展权市场的数量进行限制,并据此来进行发展权的配置和应用。如国内城乡建设用地增减挂钩指标被纳入土地利用年度计划,就对每个项目区下达的增减挂钩周转指标的"量"进行了控制。

（5）特定的规则性

发展权转移项目的开展都有一套特定的规则,由政府针对特定交易主体以及特定交易活动设定交易规则,具体包括发展权市场的设计要素及发展权市场交易程序。Pruetz 和 AICP（2003）对 142 个美国发展权案例的研究发现，各州在实施发展权转移项目时，基于授权与地方情势差异，根据不同项目的特定区域及保护目标，具体到发展权分配比例、密度奖励、转移程序等设计要素均不相同，发展权转移的结果也不同。发展权市场交易程序是根据特定目标和特定区域来选择实现交易的途径，可以选择在公开的私人市场或是在发展权交易平台的参与下进行交易，并由此制定不同的交易程序。

（6）周期性

发展权转移的项目化机制有特定的时间限制，任何项目的实施过程都有明确的起始点与结束点，随着项目任务完成、目标实现，该项目也随之结束，没有重复。

7.3.1.2 项目化机制的应用路径

根据对项目化机制特征的分析及不同国家（地区）的发展权转移实践经验，项目化机制主要用于解决指定区域范围的具体问题，该指定区域一般为农用地、环境敏感区、历史遗迹、开发空间等需要进行保护的地区，通常作为发展权转移项目中的发送区。发展权市场将发送区面临的可以量化的实际问题，作为项目开展的前提和依据。

以项目化机制建立的发展权市场主要用于以下领域：

（1）古迹保护

为了消除土地用途管制造成的不公平，实现特定古迹的保护目标，可适用于项目化方式的发展权转移，其中需要保护的历史古迹如纽约中央火车站、南街港、共济会建筑等作为发送区，并明确将赋予该历史古迹的发展权转移到指定的接收区，通过为发送区和接收区制定规则，实现发展权的定向流动，不仅实现了历史古迹的永久保护，还为接收区提供了更高的开发强度。

（2）农业用地保护

美国最成功的发展权项目都是为了永久保护农业用地，根据我国的特殊国情，考虑国家粮食安全和生态安全等因素，我国对耕地保护高度重视，为促进保有耕地农户的积极性，可以采用项目化方式建立发展权市场，有针对性地解决某区域面临的实际问题，将其量化，如保护某个县

5000亩永久基本农田，并赋予一定总量的发展权，通过将其转移到指定的建设区，不仅能实现对农用地的保护，还使因土地用途管制受到发展限制的农户获得经济补偿，以激励性手段促进农户保护耕地的积极性。

（3）生态脆弱区保护

大多数国家（地区）都规定，生态敏感区的土地是禁止开发的，并对该地区做了严格要求，将其作为发送区，赋予一定数量的发展权，通过项目化形式进行发展权转移，对珍贵资源进行保护，对应的接收区可获得额外的开发密度以获得更好的发展。

由于明确规定了历史古迹、农用地、生态脆弱区等作为发展权转移项目的发送区，并指定了与之相对应的接收区类型和区域，针对该特定区域内的问题制定交易规则，该方式具有"精确制导"作用，只有这两个区域之间才能发生发展权交易，且发展权只能从发送区转移到接收区。换言之，只有发送区需要保护的农用地、生态脆弱区、历史古迹等才有被赋予发展权的权利，并将该发展权转移到指定的接收区，发送区的土地所有者得到补偿，历史古迹、农用地、生态脆弱区等获得永久性保护。

7.3.1.3 项目化机制的优势及风险

政府采用项目化机制进行发展权市场设计的优势表现在：①项目化机制更加灵活，可以适应不同区域、不同的发展权项目目标。②项目化机制更有针对性和目的性地对发送区被限制发展的地块赋予发展权，并将发展权转移到指定的发展区域，解决土地用途管制造成的利益不均问题。③以项目化机制建立的发展权市场供需是可预期的，交易风险较小。

与此相对应的是，由于大多数发展权交易项目只允许在个别的县或市，而不是在更大的区域进行交易，导致发展权市场是一个"清淡市场"，交易主体数量少且组织有序，发展权的交易次数和数量较低。许多发展权项目中，加剧这一问题的是进一步限制了谁可以购买或出售，例如，只有在县某一特定区域的土地所有者才能出售。除此之外，高交易成本和缺乏交易价格信息也会导致市场活动的减少。

作为一个清淡市场，可能会导致交易成本过高的问题。Stavins（1995）认为，发展权市场中有两个潜在的交易成本类型：①搜索和信息成本。②议价和决策成本。第一种成本类型反映为发展权交易中的经纪人佣金和中间费,第二种是谈判成本和律师费。当没有集中的经纪人促进销售时,买方和卖方必须找到对方并针对价格进行谈判,在这种情况下,有关于发展权现行价格或其他交易的信息很少,因此,搜索成本和讨价还价成本可能很高。进一步来说,如果土地所有者预期的市场未来很清淡,他们不愿意参与交易,市场将会变得更加清淡(Liski,2001),进而不能保证有效的发展权交易发生。

7.3.2 发展权转移机制设计的技术路径Ⅱ:制度化

7.3.2.1 制度化机制的基本规定性

发展权转移项目化机制对应的是制度化机制,制度化机制是指在没有限定交易时间的和空间的前提下,通过制定一套标准化和规范化的交易规则,来指导发展权市场的设计和运行。与项目化机制的特定性相比,制度化机制的特点为普遍性和适用性,没有事先指定的一一对应的发展权流出区和流入区,没有限定的交易主体、时间,建立的是一种完全机制化、标准化的交易市场,进行的是一种永续的、重复性的、周而复始的交易活动,市场规则也在不断变化。本小节以我国重庆地票市场为例,进一步分析发展权转移制度化机制的特征及具体表现。

(1)无固定的发送区与接收区

其与项目化机制最大的区别在于:①政府没有事先指定一一对应的发送区和接收区,制度化机制的交易区域是不固定的。②政府没有规定发展权只能从发送区流向接收区,制度化机制的发展权没有指定流向性。比如,重庆地票的交易规则对流出区与流入区并无严格限制,二者也不是一一对应的。在重庆市范围内,任何一个地区都可以作为地票流出区或流入区,即使是地票流出的主要地区也可以根据需求购买地票,成为地票的流入地区。此外,由于地票落地区域无指定性,地票竞得者可在重庆全市范围内选择符合其市场开发需求的地块,并申请落地,即竞得地票的地区并非地票落地的区域。

(2)无限定交易主体

以制度化机制方式设计的发展权市场并不指定一一对应的发送区和接

收区。《重庆市地票管理办法》规定，在重庆市范围内，无论是农户、农村集体经济组织还是拥有土地权属的其他主体，只要申请复垦的土地符合要求，均可以按照复垦规定生产地票，并将地票拿到重庆农村土地交易所进行交易。此外，对地票竞标主体没有特定限制，全市范围内的法人、其他组织或具有独立民事能力的自然人都可以参与地票交易。

（3）无交易总量控制

以制度化机制设计的发展权市场具有一定的组织规模性，由于其交易并没有时间期限，故无法对其总量做出预期。如重庆地票作为增量指标，并未纳入土地利用年度计划分配，不受计划限制，当交易确认之后，国家根据指标数量给予相应的新增建设用地指标和建设用地规划空间指标，发展权市场交易的总量无法预期。根据地票复垦管理的相关办法，在保证本行政区域内耕地总量不减少的前提下，土地权利人按规定复垦并经过验收产生的地票并无总量限制，从理论上讲，只要产生地票就可以到重庆农村土地交易所进行出售，且每批次交易的地票没有固定的数量限制。

（4）标准化的交易规则

由于政府并未指定一一对应的发展权供给方与需求方，以制度化机制方式设计的发展权市场并不是针对某个特定主体的，因而制定的交易规则是标准化的、规范化的、普遍适用的交易规则。如《重庆市地票管理办法》适用于重庆市38个区（县），建立的是一种完全机制化、制度化的交易市场，随着市场交易机制的逐渐成熟，关于完善地票价款的意见及地票管理办法等交易规则也在不断更新和完善。

（5）无限定时间

发展权市场的交易没有特定的时间限制，当一次交易结束之后，还会进行下一次交易，这是一种连续不断的、重复性的、周而复始的交易活动。比如，自2008年12月4日重庆农村土地交易所组织的第一场地票交易以来，截至2017年11月29日，共有80批次地票完成交易，且重庆农村土地交易所还在持续不断地发布土地公开交易公告，地票交易并没有特定的时间限制。

7.3.2.2 制度化机制的应用路径

根据对制度化机制的特征分析及我国重庆地票的实施情况，本书发现，制度化机制主要用于解决一个区域内的普遍问题，可以是一个县域内、市域内、省域内，甚至是全国范围内，但该区域并不事先指定——对应的发展权流出方和流入方。比如，重庆地票可以在重庆市范围内进行交易，也确实存在地票的流出方和流入方，但是并未将地票的流出方和流入方进行一一对应并固定，也并未仅允许指定的区域之间进行交易；此外，增减挂钩的跨省域交易，有指标流出方和流入方，但二者可以是独立存在的，或事后指定的，而非事先就将其进行一一对应设置，由拆旧区生产指标直接流向与之对应的建新区。

以制度化机制设计的发展权市场可以解决需要保护的农业用地等，但并不明确规定发送区必须为农业用地的区域，且必须将发展权转移到指定的接收区，指定的接收区类型和区域也不限定，而是通过划定一个较大的范围，将保护农用地作为一个普遍的问题进行对待，并在这个范围内，制定一个普遍适用的交易规则，开展发展权交易，进而实现制度化机制设计目标。

7.3.2.3 制度化机制的优势及风险

对于政府而言，指导以制度化机制建立的发展权市场，只需要制定一套普遍适用的标准化交易规则即可。其优势表现是，实行相对比较简单，应用范围相对较广，由此产生的交易费用相对较低。其最大的特点在于，相比项目化机制，其价格发挥作用较大。

采用制度化方式，由于其价格机制发挥作用较大，在发展权市场运行中可能面临一些市场风险与制度风险，无法保证有效供给，难以实现政策目标。土地权利人根据自愿原则，可以自主选择是否参与发展权交易，通过对农村建设用地进行复垦整理或其他方式获得发展权。一方面，如果农户选择不复垦，而是选择继续居住或者空置，发展权的产生将成为"无源之水"，陷入"供给困境"；另一方面，如果农户选择复垦，并通过验收产生了发展权，由于事先并不指定——对应的发送区与接收区，如果多数土地所有权人为了获得更高的发展权价格而选择在几年后进行交易，从理论上讲，发展权的供给在目前就无法得到有效保证，这很大程度上会影响发展权市场供求关系的变化，不利于发展权市场的目标实现。

本书以重庆地票为例，做进一步分析。根据重庆地票交易规则，①未对复垦指标实行总量控制，地票的供给数量不可预期，此外，由国家计划管控用地指标变为地票持有者的指标掌控（蒋萍，2012），政府无法掌握地票数量的动态变化，如果出现土地市场的投机行为，将对地票市场造成冲击；②未对地票的使用期限进行限制，由于地票与一般要素产品的特性差别，当城市化工业化都已经完成，假定不再需求地票，已经获得地票但仍在等待时机的土地权利人尚未参与地票交易，也会面临相应的制度风险；③落地无法得到保证，地票持有人能否取得国有土地使用权，存在较大不确定性，难以实现政策目标（吴义茂，2010；谢新，2012）。

7.4 本章小结

本章主要论述了发展权转移机制设计的技术原则、关键技术和技术路径，其中发展权转移机制设计的技术路径，即土地用途管制与土地发展权衔接的不同方式，也是以土地发展权项目化机制和制度化机制分别创建发展权市场的过程。

（1）以项目化机制设计的发展权市场具有特定性，其事先指定了一一对应的发送区和接收区，每个项目都是一事一议，服从于一个特定的目的，并针对特定的目的和特定交易主体建立一套交易规则，有交易时间和交易总量的限制。项目化机制适用于解决指定区域范围内的具体问题，可以有目的性和针对性地对被限制发展地块赋予发展权，并将发展权指定到允许发展的区域，具有"精确制导"作用。项目化机制设计的优势是更具灵活性和针对性，由于形成了一一对应的项目区，供给和需求都是可预期的，市场交易风险较小。由于项目化方式只能在特定的区域内进行交易，交易主体数量较少、交易次数较低，导致发展权市场是一个"清淡市场"，可能出现交易成本过高的问题。

（2）以制度化机制设计的发展权市场具有普遍性和适用性，没有事先指定一一对应的发送区和接收区，没有限定的交易主体，没有交易时间、交易空间、交易总量的限制，是一种永续的、可重复性的、周而复始的交易活动，没有"精确制导"作用，主要适用于解决一个区域内的普遍问题。制度化机制的优势表现在实行时相对较简单，应用范围相对较广。由于制度化机制没有实行交易总量控制，没有事先设置一一对应的发送区与接收区，且市场作用较强，其可能面临相应的市场风险和制度风险，无法保证有效供给，难以实现政策目标。

8 发展权转移项目化机制设计
——以平阳县为例

本章以平阳县为例,按照项目化机制设计土地发展权市场,以解决我国土地用途管制框架下面临的实际问题。首先,明确发展权项目要解决的问题或实现的目标;其次,据此创设发展权,指定一一对应的发送区和接收区;最后,针对发送区和接收区设计相应的交易规则,即在我国土地用途管制的指标管理体制下,逐一明确可分配的发展权有多少、发展权如何分配、发送区和接收区如何创设、发展权交易如何实现等问题。

8.1 项目化机制设计总论

本书在县域范围内,根据上级规划下达的耕地和基本农田保护目标,确定规划期间耕地保有量和增减数量;具体到乡(镇)土地利用总体规划,将县域土地利用总体规划确定的永久基本农田保护区落实到图斑、地块,并将保护责任逐级落实到村组、农户。在土地用途管制框架下,土地利用总体规划中将有些地块划定为永久基本农田或耕地,将有些地块划定为建设用地。划定为建设用地的区域可以进行开发建设,相关主体获得较高收益,而被划定为永久基本农田或耕地的区域,由于其土地的利用用途受到严格的限制,只能从事农业生产,这在一定程度上限制了区域内相关土地权利人利用耕地或基本农田的发展权利,进而影响其收益,出现了"意外收益—意外损失"的困境。从土地所有者和使用者的角度来讲,在整个过程中，受益的是获得建设用地空间并进行开发建设的开发商，而受损的则是土地用途受到限制的保有耕地农户。针对保有耕地农户的受损情况，我国政府对因承担耕地保护任务而使经济发展受到一定限制的区域内的农户给予补偿。

从政策层面来看，中央出台的一系列文件提出要完善耕地保护补偿机制，①加强对耕地保护责任主体的补偿激励。已有的耕地保护补偿试点做法，都是由政府出资对保有耕地农户进行经济补偿，但该措施的实际耕地保护效果远未达到政策设计的预期目的，也并不能从根本上解决问题。①补偿金额有限，永久基本农田和其他一般耕地每年每亩的补偿标准少则几十元，多则几百元，且耕地保护的补偿资金主要用于农田基础设施修缮、地力培育等，或用于发展农村公益事业、建设农村公共服务设施等，与保有耕地农户受损的利益相比，其力度还远远不够。②由政府负担农户的受损资金来源有限，增加了财政负担。③政府对保有耕地农户的补偿属于行政行为。

上文已分析了项目化机制可以用于解决保有耕地农户因土地用途限制而产生的意外损失补偿问题。根据土地发展权转移原理，由土地用途管制造成的利益受损，应当由受益的主体来补偿受损的主体，即由获得开发建设权利的主体来补偿发展受到限制的保有耕地农户。一方面，"意外损失区域"，即发送区，由于限制了耕地或基本农田开发的权利，政府将赋予保有耕地一定数量的发展权（建设用地指标），发展权可以转化为经济价值补偿所有权人；另一方面，"意外收益区域"，即接收区，不再通过计划下达新增建设用地指标，相关主体必须通过购买保有耕地农户的发展权才可以进行开发建设。建立土地发展权市场，可以在两个区域之间实现发展权的转移，为保有耕地农户的利益补偿建立一种可操作性的机制，具体内容如图8-1所示。

本章选取平阳县作为项目化机制设计土地发展权市场的项目区，主要

---

① 《关于进一步做好基本农田保护有关工作的意见》（国土资发〔2005〕196号）中提出"探索建立基本农田保护经济激励机制"；《中共中央关于推进农村改革发展若干重大问题的决定》中提出"划定永久基本农田，建立保护补偿机制"；2010—2015年的中央一号文件都提出建立耕地保护补偿机制，支持地方开展耕地保护补偿等。

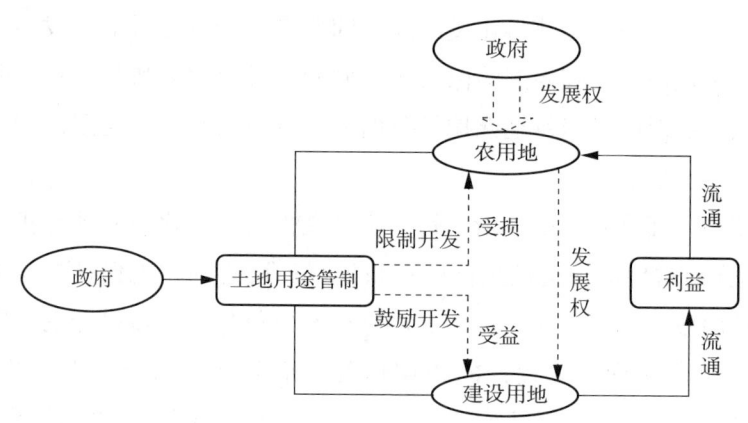

图 8-1　保有耕地农户补偿机制示意图

基于两点考虑：①平阳县农业生产条件较好，土地利用类型多样，以林地和耕地比重为最高，由于该地目前处于城镇化、工业化快速发展阶段，保护农用地的形势日趋严峻。②各地区经济发展不平衡。平阳县东部是重点开发区块，西部多以山地和丘陵为主，经济较为落后。结合平阳县不同区域的实际，基于上述发展权转移理论及保有耕地农户补偿机制，本章将依据项目化机制的特征展开具体设计。

8.2　项目化机制设计目标

本章以项目化机制建立发展权市场的基本思路是在满足土地利用总体规划的条件下，平阳县政府将原本通过计划配置下达到平阳县各乡镇的新增建设用地指标，根据土地发展权原理，将其部分配额分配至发送区因土地用途管制而发展受限的农用地上，并允许这种配额可以转移至事先指定的接收区，通过有偿交易获得经济补偿。结合平阳县各乡镇的实际情况，本章选取麻步镇下泛村作为发送区，萧江镇作为接收区，二者组成一一对应的项目区，且在以项目化机制设计的发展权市场中，下泛村只能将发展权转移至萧江镇。本章建立的土地发展权项目目标是，对平阳县麻步镇下泛村的农用地进行保护，并对该区域受限制的农地所有者进行补偿，具体的发展权量化目标将在下文进行设计。

8.3 发展权创设及赋值

本节主要对发展权创设的过程进行描述，根据发展权项目实际要解决的问题，平阳县政府将上级下达的一定额度的新增建设用地指标，在总量控制的前提下，对发送区——麻步镇下泛村需保护的农用地进行分配，并将发展权落实到每一个可分配发展权的地块上。

8.3.1 技术约定

由于发送区可交易的发展权有总量设定，该部分主要回答三个问题：发送区下泛村可分配的发展权有多少？下泛村内哪些土地类型可以获得发展权？发展权如何进行分配？

（1）可分配的发展权总量

在进行方案设计时，本章首先要明确的是，通过土地利用总体规划自上而下分配给平阳县的新增建设用地指标，有多少可以分配至下泛村的农用地上，即可分配的发展权总量，除以平阳县麻步镇下泛村范围内可获得发展权的土地面积，即为每单位面积的土地可以获得多少单位的发展权。其中，发展权数量与建设用地指标数量是1∶1的对应关系。

由于政府事先指定了一一对应的发送区与接收区，下泛村的发展权只能转移到萧江镇建设占用农用地的经营性用地上，且萧江镇只能通过购买下泛村的发展权才能进行开发建设。由于需求是确定的，因而可分配的发展权以规划期间萧江镇建设占用农用地的面积为依据。基于自愿原则，考虑发送区可能存在不愿意参与交易的比例，因此发送区的发展权供给数量要大于接收区的需求数量。本章将该项目的时间限定在本轮的规划期内，根据平阳县土地利用总体规划，赋予发送区——麻步镇下泛村的发展权为170000个。

（2）可获得发展权的农用地类型

根据项目化机制设计的目标，要对平阳县麻步镇下泛村的农用地进行保护，因此根据发展权转移原理，因土地用途管制而发展受限且利益受到压制的农用地可以获得发展权。①

本章的土地发展权共有两类分配方法：按土地利用现状分类和按土地用途规划分类。土地用途规划共有 3 个一级类、② 10 个二级类、32 个三级类，其中农用地分类见表 8-1。

表 8-1 土地用途规划农用地分类和编码

一级类名称（编码）	二级类名称（编码）	三级类名称（编码）
农用地（1）	耕地（11）	水田（111）、水浇地（112）、旱地（113）
	园地（12）	
	林地（13）	有林地（131）、灌木林（132）、其他林地（133）
	牧草地（14）	天然草地（141）、改良草地（142）、人工草地（143）
	其他农用地（15）	设施农用地（151）、农村道路（152）、坑塘水面（153）、农田水利用地（154）、田坎（155）

《土地利用现状分类》（GB/T 21010—2017）将土地利用类型分为 12 个一级类、③ 72 个二级类。本章将农用地种类界定为耕地、园地、林地、草地四类，具体内容见表 8-2。

表 8-2 土地利用现状农用地分类和编码

一级类名称（编码）	二级类名称（编码）	
农用地	耕地（01）	水田（0101）、水浇地（0102）、旱地（0103）
	园地（02）	果园（0201）、茶园（0202）、橡胶园（0203）、其他园地（0204）
	林地（03）	乔木林地（0301）、竹林地（0302）、红树林地（0303）、森林沼泽（0304）、灌木林地（0305）、灌丛沼泽（0306）、其他林地（0307）
	草地（04）	天然牧草地（0401）、沼泽草地（0402）、人工牧草地（0403）、其他草地（0404）

---

① 《土地利用年度计划管理办法》（国土资源部令 第 66 号）第四条规定，新增建设用地计划指标包括新增建设占用农用地及耕地指标。新增建设用地都需要用到指标，即被占用且需要使用指标的农用地可以获得发展的权利。

② 农用地、建设用地和其他用地。

③ 耕地、园地、林地、草地、商服用地、工矿仓储用地、住宅用地、公共管理与公共服务用地、特殊用地、交通运输用地、水域及水利设施用地、其他用地。

由于农用地的利用用途受到严格限制,其只能从事农业生产活动,该部分土地应该获得发展权。本章以土地利用现状分类为标准,将发展权分配给土地利用现状为农用地的土地,由于规划为建设用地的土地会占用一部分农用地,该部分土地利用现状为农用地但规划为建设用地的土地改变了土地利用用途,获得了开发建设的权利,因此要扣除该部分土地。

下泛村的农用地类型包括耕地、园地和林地,因此,本章以平阳县下泛村土地利用现状分类为耕地、园地、林地三类农用地面积减去现状为农用地但被规划为建设用地的面积,余下的土地利用现状分类为农用地且未被规划为建设用地的地块才能被赋予发展权。

(3) 土地单位面积可获得发展权数量

根据上述分析,本章明确了平阳县麻步镇下泛村在本轮规划期内可以分配的发展权总量、实际可以分配发展权的农用地面积(具体到地块),由此可得到单位面积农用地可以获得发展权的数量,具体到每一类型农用地可以分配多少发展权,如何分配?本部分要运用同一种原理和方法来赋予农用地发展权。

由于不同类型的农用地存在差异,农用地的发展权也不是均匀配置的。比如,在美国新泽西州 Pinelands 的发展权转移项目中,由于规划分区的开发潜力和环境敏感程度不同,自然保护区大部分土地每 9.8 英亩可以获得 1 个单位的发展权,农业区的土地每 4.9 英亩可获得 1 个单位的发展权,而保护地带的湿地每 49 英亩才获得 1 个单位的发展权。因此本章设立标准耕地概念,对不同类型农用地可分配的发展权进行测算,即每单位标准耕地可获得 1 个单位的发展权,即可得出不同类型农用地相对于标准耕地的转换系数(或折算系数),转换系数的高低反映了平阳县麻步镇下泛村内不同类型农用地的产出水平或农业潜在利用水平。除此之外,即使是同类型农用地,不同等级的土地的产能也是不同的,为了更公平地分配发展权,还应对每一类型农用地进行分等定级,根据其不同的产能求得转换系数,得出每一种类型、每一个等级农用地单位面积可获得的发展权单位。

8.3.2 技术路线

(1) 标准耕地单位面积可获得发展权数量

根据农用地分类,不同类型的土地因其可提供的生产价值、生态价值、文化价值不同,其相对于农业的重要性也不同,应将其转化为统一的标准耕地。由于同一地类的农用地质量不同,其生产能力也存在差异,因此本部分还需要进一步将同一地类的农用地进行分等定级,得出每一个类型农用地不同等级的产能。

本章建立的标准耕地概念,是衡量农用地生产能力的重要指标,也是计算不同类型不同等级农用地转换系数的基础和依据,即每单位标准耕地可获得1个单位的发展权,将耕地利用等别最高的产能作为标准系数1,依据不同的产能求得不同类型不同等级农用地的转换系数,得出每一类型每一等级农用地单位面积可获得的发展权。

$$A = \frac{I}{\sum_{i=1}^{n} S_{ij} \times a_{ij}} \tag{8-1}$$

式(8-1)中,A 表示发展权项目中单位标准耕地可获得的发展权单位,单位为:个/平方米;I 表示发展权项目可分配的发展权总量,单位为:个,其中发展权与建设用地指标是1∶1,即1个单位的发展权为1个单位的建设用地指标;i 表示地类,就平阳县项目而言,其主要包括耕地、园地、林地,即 $n=3$;j 表示等别,不同地类的等别不同;S_{ij} 表示第 i 类农用地的第 j 等别土地面积,单位为:平方米;a_{ij} 表示第 i 类第 j 等别农用地转换系数。

为得到三类农用地的转换系数,本节将分别对其实现原理及技术路线进行分析。

(2)农用地不同等级单位面积产能及转换系数

农用地产能(agricultural land productive capacity)是在一定地域、一定时期和一定的经济、社会、技术条件下所形成的农用地生产能力,分为农用地理论产能、可实现产能和实际产能三个层次。[①] 本节所指的农用地产能为农用地理论产能,[②] 以农用地分等成果作为农用地理论产能核算的

---

① 参见《农用地产能核算技术规范(报批稿)》中3.2农用地产能。资料来源:http://www.mlr.gov.cn/kj/tzgg_8225/201708/t20170802_1546251.htm。
② 农用地理论单产是在农业生产条件得到充分保证,光、热、水、土等因素均处于最优状态,技术因素所决定的农作物所能达到的年最高产量。在我国,农用地产能安全的核心问题应该是农用地理论产能的安全(郧文聚等,2007)。

基础数据,① 并在一定的时空尺度下计算农用地理论产能来求得不同类型不同等级农用地的转换系数。

依据《农用地质量分等规程》(GB/T 28407—2012)和《农用地产能核算技术规范》7.2 中农用地分等计算方法和思路,平阳县麻步镇下泛村标准耕地转换可沿着以下技术路线展开:

①建立理论单产样本值与相应的利用等指数数据库。

②建立理论单产与利用等指数函数关系模型。

农用地理论单产即为农用地标准粮产量,取决于农用地利用等指数的大小。② 本部分以指标区为单位,进行农用地理论产能核算模型测算,建立农用地抽样单元的理论单产与相应的利用等指数的函数关系模型(以线性模型为例):

$$Y_j = cR_j + d \quad (8-2)$$

式(8-2)中,Y_j 为第 j 个分等单元理论单产样本值,单位为:千克/公顷;R_j 为第 j 个分等单元利用等指数;c、d 为待定系数。

③农用地分等单元理论单产核算。

由农用地抽样单元的实际单产与其对应的农用地利用等指数求取 c 和 d,将所有分等单元的农用地利用等指数(R_i)代入函数方程,可以获取它们的农用地理论单产(Y_i)。

④求取不同等级耕地、园地、林地的转换系数。

本部分计算不同农用地类型不同利用等指数对应的单位产能,将耕地利用等别最高的产能作为标准值 1,求得不同农用地、不同利用等指数相对标准值的转换系数(a_{ij}),并建立转换系数表。

$$a_{ij} = \frac{\text{农用地类型为 } i \text{ 等别为 } j \text{ 的单位产能}}{\text{耕地等别最高的单位产能}} \quad (8-3)$$

---

① 农用地分等反映了由长期稳定的光、温、水、土、经济条件所决定的,以农用地自然质量为主的土地差异。农用地定级反映了由土地自然因素和易变的经济社会条件所决定的,以农用地综合质量、经济特性为主的土地差异。

② 农用地利用等指数是标准耕作制度中指定作物在实际的自然条件及当地的农业生产技术等影响下,采取最佳投入水平时,农用地可能达到的折算为标准粮的最高年产量,农用地利用分等最能反映农业综合生产能力(李陈、靳相木,2016)。

农用地质量分等即为耕地质量分等，不包括园地、林地的质量分等，可依据不同类型农用地的特性及标准耕地对应的单位产能，对应设置园地和林地的转换系数。

⑤计算单位标准耕地可获得的发展权单位。

已知发展权项目可分配的发展权总量为I、不同农用地类型不同利用等别的用地面积为S_{ij}，将转换系数a_{ij}代入式（8-1），求得下泛村在规划期内单位标准耕地可获得的发展权单位（A）。

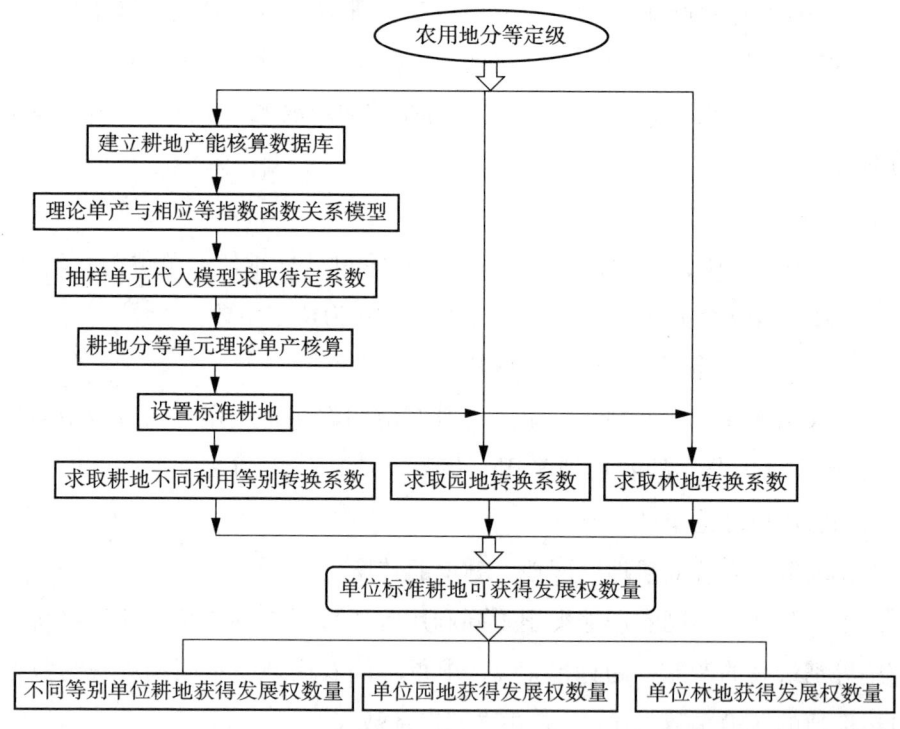

图8-2　发送区标准耕地转换研究技术路线

8.3.3　测算过程

根据2011年浙江省农用地分等结果，全省省级农用地利用等别从6等到26等，等别值越高，耕地质量越好。其中，平阳县农用地利用等别为8~21等（对应国家等别6~11等），耕地利用指数为1096~3031。在浙江省农用地分等中，平阳县被划入浙东南沿海区，根据温州市国土局及浙江省农用地综合生产能力调查与评价项目的研究数据,本章通过将448个东南沿海区农用地分等样点数据,代入式(8-2),求取 c 和 d,计算得到东南沿海区耕地标准粮单产与相应耕地利用等指数之间的转换关系,即

$$Y_j = 2.0391 R_j + 9650.5 \quad (8-4)$$

将平阳县利用等级、利用等指数等基础信息代入,即可得到平阳县不同利用等指数的耕地标准量单产。其中,平阳县利用等级及利用等指数的获取,是以平阳县"二调"更新数据库(2010年)为基础,利用ArcGIS软件,统一各专题图件的空间投影坐标系统,进行耕地地块与专题图件配准及叠加,[①] 进而获取平阳县耕地地块属性值的。由于平阳县同一利用等别对应的利用等指数并不相同,本部分取其平均值,代入式(8-4),计算得出平阳县不同利用等别的单位产能。其中,本章将利用等别最高的耕地作为标准耕地,通过式(8-3),求取耕地不同利用等指数对应的转换系数,结果见表8-3。

表8-3 平阳县耕地利用等别、标准粮产能及转换系数

利用等别	利用等指数范围	平均利用等指数	标准量产粮(千克/公顷)	转换系数
8	1096~1179	1137	11968.96	0.7560
9	1304~1324	1309	12319.68	0.7782
10	1355~1493	1458	12623.51	0.7973
11	1532~1624	1588	12888.59	0.8141
12	1666~1795	1728	13174.06	0.8322
13	1827~1935	1884	13492.16	0.8523
14	1950~2097	2027	13783.76	0.8707
15	2102~2189	2150	14034.57	0.8865
16	2252~2389	2346	14434.23	0.9118
17	2405~2549	2491	14729.90	0.9304
18	2564~2697	2581	14913.42	0.9420
19	2727~2817	2774	15306.96	0.9669
20	2850~2900	2860	15482.33	0.9780
21	3031	3031	15831.01	1

---

① 研究资料来源:平阳县"二调"更新数据(2010年)、平阳县土地利用总体规划数据(2006—2020年)、农用地分等成果(2011年)、浙江省东南沿海区农用地分等样点数据等(李陈、靳相木,2016)。

在实际中，《农用地产能核算技术规范》和《农用地质量分等规程》（GB/T 28407—2012）主要针对耕地的分等以及产能核算，由于其他农用地不涉及农用地分等定级，受数据资料的限制，无法得到园地、林地的转换系数。本章根据不同农用地的特性，根据平阳县最高利用等指数的耕地产能，将园地、林地的转换系数分别设置为0.7000、0.6000，可根据平阳县麻步镇下泛村可分配发展权的园地和林地面积，计算得出园地和林地转换的标准耕地面积。

本章以项目化机制建立的发展权市场，根据政府事先指定的萧江镇建设占用农用地面积，在本轮规划期内，赋予发送区下泛村的发展权为170000个。按照发展权与建设用地指标1∶1的对应关系，即已知该发展权项目可分配的发展权总量（I）为170000个，不同利用指数或不同类型可分配发展权的农用地面积为S_{ij}，转换系数为a_{ij}，将它们代入式（8-1），可求得平阳县麻步镇下泛村单位标准耕地可获得的发展权单位。

已知平阳县麻步镇下泛村土地利用现状为耕地、园地、林地的农用地面积为1439648.63平方米，扣除被规划为建设用地的部分，可赋予发展权的农用地面积为1365034.1平方米。其中，耕地、园地、林地面积分别为1137583.13平方米、11486.47平方米、215964.5平方米，平阳县下泛村在浙江省农用地分等定级的耕地等别有10和12两种，对照地块，可得出两种等别的面积分别为563692.7平方米、573890.43平方米。根据各类型农用地的转换系数，得出下泛村单位标准耕地面积可获得0.1597个单位的发展权，进而得到不同类型农用地可获得的发展权数量、每单位不同类型农用地可获得的发展权数量，以及获得1个单位发展权需要的不同类型农用地面积，结果见表8-4。

表8-4 发送区不同农用地类型可获得的发展权数量

农用地类型	利用等别	可获得的发展权数量/平方米	每单位农用地可获得的发展权数量/平方米	获得1个单位发展权需要的农用地面积/平方米
耕地	10	71764.40	0.1273	7.8548
耕地	12	76260.84	0.1329	7.5254
园地		1283.90	0.1118	8.9466
林地		20690.86	0.0958	10.4377

8.4 创建发送区与接收区

本章以项目化机制建立土地发展权市场,必须事先设定一一对应的发送区与接收区,选择项目交易的特定区域,且发展权只能从发送区转移到接收区。以平阳县为例,本章选取了麻步镇下泛村作为该项目的发送区,选取萧江镇作为接收区,且下泛村的发展权只能转移到萧江镇,用于萧江镇土地利用现状为农用地但被规划为建设用地的地块。

上文明确了发送区可赋予发展权的农用地类型、不同农用地类型可分配的发展权数量,下泛村的土地所有者将其所拥有的发展权参与发展权转移项目,从而确保了发展权的供给;萧江镇的经营性用地不再直接下达计划指标,只有通过向下泛村购买发展权,才能进行开发建设,由此创造了土地发展权市场的需求。

8.4.1 发送区

在我国土地用途管制框架下,与土地利用现状为农用地但被规划为建设用地区域相比,土地利用现状及规划用途都为农用地的区域,其相关权利人利用农用地发展的权利受到限制,进而影响其收益。因此,根据土地发展权转移原理,发送区即为土地利用用途受到限制且需要获得保护的地区,根据土地发展权项目目标,政府通过赋予发送区相关土地所有者一定的发展权,并允许该部分发展权转移到指定的区域,使土地所有者通过有偿交易获得经济补偿。

具体到本章的发展权项目目标,本章选取了平阳县麻步镇下泛村作为项目化设计的发送区,利用 ArcGIS10.2 软件,将麻步镇下泛村土地利用现状为农用地的图层与土地利用总体规划为建设用地的图层叠加,去除重合部分,得到项目的发送区。上文已经明确,麻步镇下泛村可赋予发展权的是土地利用现状为耕地、园地、林地且未被规划为建设用地的地块,发展权主体为拥有该部分农用地所有权(或经营权)的农户,该部分农户可根据自愿原则,选择是否参与发展权转移项目。

8.4.2 接收区

根据平阳县各地区的区位条件和经济发展潜力，本章选择萧江镇作为发展权项目的接收区。利用 ArcGIS10.2 软件，将萧江镇土地利用现状为农用地的图层与土地利用总体规划为建设用地的图层叠加，得到土地利用现状为农用地但被规划为建设用地的区域，根据其规划用途，只选择经营性建设用地作为萧江镇获得并使用发展权的区域。

在划定接收区时，必须明确接收区可使用发展权的用地性质、具体的接收区范围，以及划定接收区的时间点，且应考虑在我国"转—征—供"框架下其与各项制度的协调与衔接。

①从发展权接收区的项目用地性质来看，其主要针对经营性建设用地（含商业、旅游、娱乐、商品住宅等用地）。②从发展权接收区的空间来看，接收区获得的发展权直接对应用地单位取得土地使用权的用地范围，也是各类建筑工程项目用地使用权属范围的边界，符合规划要求。③从发展权接收区的选择时间来看，在我国"转—征—供""三位一体"的管制框架下，接收区所有权人要获得国有土地使用权，必须经过预审—农转用审批、征收审批—土地征收—土地供应的程序，且在农转用审批之前，必须获得建设用地指标。基于此，用地单位可在初步选定某建设用地之后，由当地的国土资源部门对其建设项目有关事项进行预审，预审通过之后，政府可将其指定为接收区，通过发展权转移项目，以有偿交易方式获得建设用地指标，并予以公告。④由于萧江镇经营性用地办理农地转用手续，必须购买下泛村的发展权，可接收的发展权数量主要以该区域内的经营性用地项目所需的发展权数量为限，且接收区被占农用地的质量不得高于发送区被赋予发展权的农用地质量。

接收区获得的发展权不仅代表了发送区被赋予发展权的农用地的数量和质量，还代表了接收区被占农用地的数量和质量，二者应该是一致的。为确保不同区域被占农用地的质量（特别是耕地）与保护农用地的质量不降低，根据上文发展权赋值的技术方法，本章可依据接收区被占农用地的类型和数量，对其可分配发展权的数量进行测算。

根据平阳县耕地质量等别成果的数据库,与本章选取的接收区地块相叠加,对应得出被占农用地的类型均为耕地,省级农用地利用等别均为12,利用等指数均为2850,将数据代入式(8-4),得到耕地标准量单产为15461.94千克/公顷,对应平阳县选取的标准耕地的产能,得出对应的转换系数为0.9767,接收区被占单位耕地面积可获得0.156个单位的发展权。发送区与接收区进行发展权交易时,要确保每次接收区获得的发展权与被占农用地类型、数量、面积挂钩。

8.5 发展权市场交易规则

上文明确了发展权项目目标,划定了一一对应的发送区与接收区,并赋予发送区土地所有者相应数量的发展权,本小节主要解决如何设计交易规则的问题。

根据美国亚利桑那州、佐治亚州等地的做法,发展权转移项目必须取得转让方和受让方的同意,经法定的公告、听证程序,或得到州授权的明确批准,否则发展权不得进行转移。我国以项目化机制设计的发展权市场,也应根据发展权项目目标,做到一事一议,制定发展权交易规则。

平阳县国土资源局成立发展权交易服务机构,承担具体的发展权交易服务工作,并制定发送区与接收区进行发展权交易的具体办法,其职能具体包括接收申请、汇编信息、发布信息、组织交易、记录交易等。本项目交易规则中的发展权是由上级下达至平阳县,由平阳县地方政府为下泛村农用地设置的新增建设用地指标,发展权项目流转实行规模控制。发展权项目化市场交易,是指下泛村取得发展权的相关土地权利人与接收区相关主体,通过平阳县发展权流转服务机构,以公开交易方式实现发展权有偿转移的行为。其中,发送区以赋予发展权的土地所有权人或所在农村集体经济组织作为供给方,接收区以具备独立民事能力的自然人、法人或者其他经济组织作为需求方。

根据本章项目目标,政府赋予发送区规划期内一定额度的发展权,发送区与接收区可通过多次交易,实现发展权项目目标,每次的交易数量由平阳县发展权交易服务机构自行划定。以项目化机制设计的发展权市场交易可按以下程序进行，如图8-3所示。

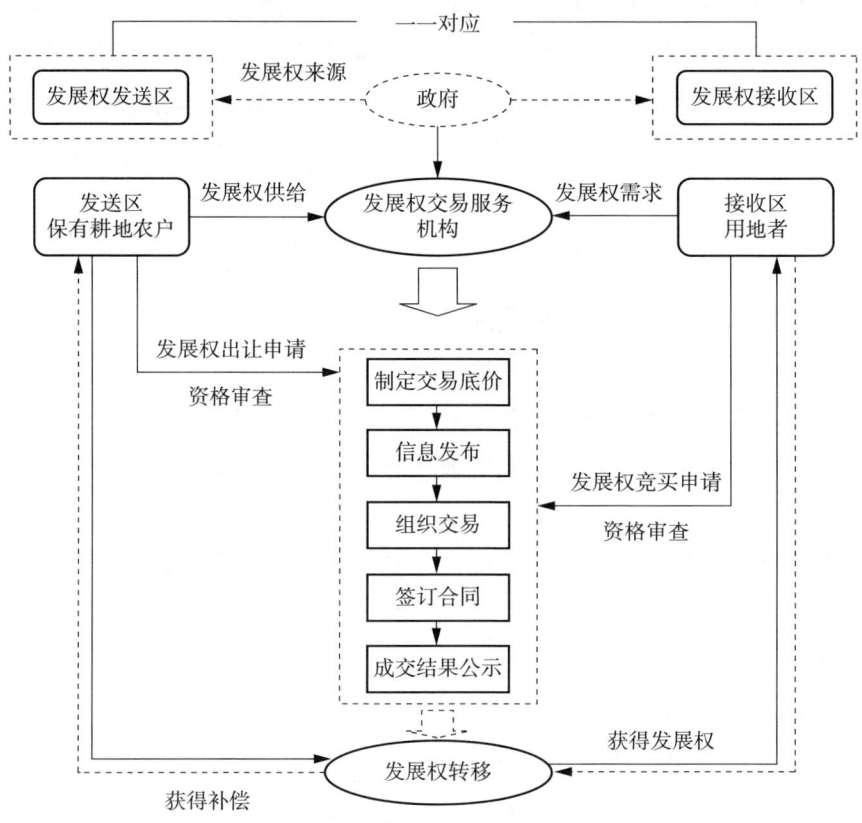

图8-3 发展权市场项目化交易示意图

（1）发展权出让申请

发送区的供给主体，可以是被赋予发展权的土地所有权人或所在的农村集体经济组织。土地发展权市场应给予市场主体充分的自由，在不违背法律政策规定的前提下，供给主体有权依法选择从事或不从事发展权交易活动，有权选择交易行为的内容或方式等，自愿原则是保证发展权市场公平和有效的前提条件，因此供给主体可自主选择是否参与平阳县国土资源局组织的发展权交易。如果选择参加，其可根据所拥有的农用地类型，按照上述发展权测算过程，获得对应数量的发展权，并向平阳县发展权交易服务机构提交发展权出让申请。

发展权出让申请材料包括：①发展权交易申请书。②拟出让发展权所需信息文件，包括农用地类型、位置、面积、质量等级、可转换的发展权数量、建新可占用耕地规模、建议最低流转价格等。③附表，包括土地权利人名称、身份证号码、联系电话、个人或农村集体经济组织的收款账户等信息。④出让方对拟出让发展权的真实性、合法性负责的承诺函。

平阳县发展权交易服务机构在收到申请材料后7个工作日内，会同平阳县国土资源局完成对申请材料的完整性、合规性的审查。审查合格的，办理登记、颁发发展权证明，并纳入台账管理。发展权交易服务机构会根据申请顺序、发展权交易规模等确定交易时序。

（2）制定交易底价

平阳县国土资源局依据各发展权所有人提出的当期建议最低交易价格等，合理确定当期交易底价。为对农用地保护的发送区进行补偿，可以以土地出让费用、税费、交易服务费用等为参照依据，制定发展权交易底价，该交易底价应高于当期所有发展权所有人提出的最低交易价，切实反映农用地保护区域能够获得的由于土地用途管制受到发展限制而失去的农地非农化收益。发展权交易底价的计量单位为元/平方米，并取整数保留到个位。

（3）信息发布

平阳县发展权交易服务机构在通过资格审查后的5个工作日内，根据发展权所有人的申请，在平阳县国土资源局门户网站发布发展权交易公告信息，公告时间不少于7个工作日。其中，发展权交易公告内容包括：①公告时间。②发展权交易规模。③交易底价。④竞买保证金标准及账户名、开户银行、账号。⑤平阳县发展权交易服务机构地址、联系电话、联系人。

（4）发展权竞买申请

萧江镇具备独立民事能力的自然人、法人或者其他经济组织都可以作为发展权竞买人，但只有经过预审的建设项目才能提交购买发展权的申请。发展权竞买申请材料包括：①发展权竞买申请书，其中明确购买面积。②申请购买人有效身份证明文件。③法定代表人有效身份证明文件。④建设项目的核准方案审批证明或购买发展权使用需求的证明材料。⑤要求提交的其他文件。发展权竞买人只有在通过资格审查之后，才可以在公告规定期限内向平阳县发展权交易服务机构缴纳竞买保证金，获得挂牌竞买资格。发展权交易成交后，竞得人缴纳的保证金可自动转为交易价款，其他竞买人缴纳的保证金则按原途径及时退回。

(5) 组织交易

发展权交易采用公开挂牌的方式，报价信息包括所需发展权数量以及最终报价，其中竞买人所需发展权数量仅限于满足建设项目申请的开发建设需要，不得大于建设项目通过审核的土地面积。①如果报价高于交易底价，按照报价的高低顺序，依次确定竞得人以及竞得发展权数量。如果有两个及以上报价满足要求，且报价相同的竞买人，可根据提交报价信息的先后顺序依次确定竞得人以及竞得发展权数量。②如果报价低于交易底价或不符合其他交易条件的，则本次交易不成交。原发展权所有人可提出调整建议最低交易价格，重新申请进行交易。

(6) 签订合同、成交结果公示及备案

发展权竞得人在平阳县发展权交易服务机构签订发展权成交确认书，具体事项包括：①发展权竞得人名称。②交易时间、交易地点及交易方式。③成交面积、成交金额和交易服务费。④发展权价款和交易服务费支付方式。平阳县国土资源局门户网站公示交易结果，内容包括竞得人名称、成交时间、成交数量、成交价格等，公示期为7日。公示无异议的，由平阳县发展权交易服务机构通知交易双方在指定时间和地点签订发展权交易合同。平阳县发展权交易服务机构对每一宗发展权交易建立档案并接受监督，档案内容包括发展权交易主体双方的基本信息、发展权的基本情况、交易公告、交易结果公示的记录，以及交易过程中产生的各类文书等。

(7) 交易价款缴纳

平阳县发展权交易服务机构设立财政专户，发展权竞得人应在发展权交易后7个工作日内，根据物价管理部门、财政和税务管理部门核定的收费标准，缴纳交易服务费及相应税费，并按照合同约定的方式，在规定期限内支付除保证金外剩余的发展权交易价款。平阳县发展权交易服务机构将发展权竞得人支付的保证金及剩余发展权价款汇入发展权所有人提供的收款账户，并为发展权竞得人开具发展权交易价款支付证明。

8.6 发展权市场交易监管与调控

平阳县国土资源局成立发展权交易服务机构，对项目发展权交易实行统一管理，并对其创建的发展权市场负有监管和调控的责任，主要包括以下几方面内容：

(1) 对发展权交易双方进行资格审查

如果各交易主体出现以下任一行为：①提供虚假文件骗取交易资格的。②互相串通并恶意操纵交易的。③违反挂牌出让公告有关约定的。④无正当理由不按时签订发展权交易合同的。⑤无正当理由拒绝履行合同规定义务的，则由平阳县发展权交易服务机构宣布竞得结果无效，所缴纳的竞购保证金不予退还，且一年内不得参与发展权交易。

(2) 发展权交易基准价格的制定和实施

平阳县国土资源局综合考虑土地出让费用、交易中的税费、服务费用及当期发展权所有人提出的最低交易价格，制定当期发展权基准价格。

(3) 建立指标储备库

平阳县国土资源局除了制定发展权交易规则外，还可以视市场情势购买发送区的发展权，纳入发展权储备库，必要时再出售给接收区。

(4) 建立交易信息公开发布制度

为确保土地发展权市场的正常运行，降低交易交易成本，政府必须建立高效率的信息传递体系。发展权交易信息的及时、公开发布，有利于发展权交易市场的竞争性和预期性，进而降低交易双方信息搜索和议价决策成本，避免发展权市场更加清淡，促进有效交易的发生。

(5) 对发送区农用地保护的监管与落实

发送区赋予发展权的农用地参与发展权交易之后，实现了发展权的项目目标，应获得永久性保护，不得在今后的规划中改变其农用地用途，因此，平阳县国土局应对该部分农用地保护工作进行监管和落实，并调动农户监督、抗辩各类违法违规用地行为的积极性。

与此同时，平阳县发展权交易服务机构职责还包括：
①建立发展权交易信息库，发布交易信息。
②颁发发展权证明和相关文件。
③提供交易平台，促进发展权项目交易的进行。
④准确记录所有发展权交易信息，建立档案并进行维护。
⑤确保发展权市场和管理供应。
⑥接受公众查询与监督。

8.7 发展权交易效应

以项目化机制建立的发展权市场产生的交易效应具体表现在以下两个方面：

（1）当发展权项目完成之后，其效应设计须嵌入我国耕地保护制度，发送区的农用地将获得永久性保护，不得进行调整，用作其他开发活动。由于我国特殊的国情，土地用途管制限制了农用地的发展，平阳县政府将上级下达的新增建设用地指标按总量控制，对发送区需要保护的农用地所有者赋予发展权，该部分土地所有者可以选择是否参与发展权交易项目。选择参与交易的农户可通过将其土地发展权全部或部分流转至政府指定的接收区，获得经济补偿。基于权利与义务对等原则，发展权供给方在享有赋予发展权及通过有偿交易获得经济补偿权利的同时，也应承担对已完成发展权交易之后的农用地等进行保护的义务，不能再用作其他开发活动，这也是实行发展权转移的意义所在。

因此，为保证发送区赋予发展权并实现交易的农用地获得永久性保护，政府应承诺，在今后的规划中，不得改变其农用地用途，并进行公告。除了国家重点建设项目确实无法避开该区域，需要占用该农用地的情况之外，其他情况下一律不得进行调整。一方面，选择参与发展权交易的农户，应承担其农用地保护义务，且应保证与其申请获得发展权时确定的农用地类型和质量相对应，不得降低。平阳县政府对完成交易的发送区相关主体进行登记，并将农用地保护任务落实到集体或个人，定期对其保护责任目标履行情况开展考核检查，若出现农用地类型改变或农用地质量降低等情况，相关责任主体应进行调整完善。另一方面，选择不参与发展权交易的农户，可以等待下一轮规划调整，如果将农用地地块规划为建设用地，就可以行使其开发建设的权利，但同样存在不确定性。

（2）当发展权项目完成之后，其效应设计须嵌入我国农用地非农化开发制度。当接收区发展权实现时，首先，为保证被占农用地和保护农用地的质量和数量挂钩，以发送区赋值的方法测算被占农用地对应可实现的发展权数量，若被占农用地质量高于保护农用地的质量，需要相应减少被占农用地数量。其次，可凭发展权交易价款支付证明冲抵建设用地有偿使用费。接收区的竞得人获得发展权之后，仅限自用，不得再次转让。由于该项目化设计中政府赋予的发展权属于新增建设用地指标，因此在使用时要遵循限定条件，如必须在城市规划区内使用，允许其在三年内使用完毕。发展权竞得人在发展权实现时，可按以下两种情况展开：

第一种情况，采用"先买后用"模式。发展权竞得人先通过平阳县发展权交易服务机构竞得发展权，再凭发展权交易合同，按后续程序，用于申请办理农用地转用审批等，最终实现发展权。由于发展权必须用于接收区，且接收区是土地利用现状为农用地但被规划为建设用地的地块，因此，涉及占用耕地的，应负责补充与所占用农用地数量和质量相当的耕地，或按规定缴纳耕地开垦费用等。发展权竞得人参与竞拍国有土地使用权时，可凭交易价款支付证明冲抵新增建设用地有偿使用费。

第二种情况，采用"先用后还"模式。由于接收区竞买人事先已通过建设项目预审，可由平阳县政府垫付新增建设用地指标，完成农用地转用审批、土地征收审批，并通过拍卖等形式竞得国有土地使用权，在签订国有土地使用权出让合同之前，发展权竞得人可通过平阳县发展权交易服务机构竞得相应数量发展权，并归还政府。同时，可凭发展权价款支付证明，冲抵建设用地有偿使用费，之前为竞得国有土地使用权而支付的新增建设用地有偿使用费，对应支付的发展权价款数额部分应予以退还。

8.8 本章小结

本章以平阳县为例，以项目化机制构建发展权市场。首先，本章论述了项目化方式解决保有耕地农户发展权补偿的理论依据及其补偿机制构建思路，结合平阳县实际，明确了发展权市场的目标是对麻步镇下泛村的农用地（耕地、园地、林地）进行保护。其次，根据发展权项目要解决的问题，对发展权进行创设及赋值，其中原理描述包括下泛村可分配的发展权总量，哪些土地类型可以获得发展权，以及发展权如何分配等问题。本章设立标准耕地的概念，并通过标准耕地转换研究技术路线，测算得出不同农用地类型、不同利用等别可获得的发展权数量。再次，选取下泛村与萧江镇作为一一对应的发送区与接收区，组成项目区。其中，下泛村土地利用现状为农用地且未被规划为建设用地的地块才能被赋予发展权，萧江镇土地利用现状为农用地但被规划为建设用地的地块，且属于经营性用地才能接收并使用发展权；由平阳县国土资源局成立发展权交易服务机构，承担具体的发展权交易服务工作，并制定发展权交易的具体办法。在此过程中，平阳县国土资源局对建立的发展权市场实行统一管理，并负有监管和调控责任。最后，发展权交易结束之后，发送区的农用地应获得永久保护，不得进行调整，而接收区可凭发展权交易合同，办理后续程序，并凭发展权价款支付证明冲抵建设用地有偿使用费。

9

发展权转移制度化机制设计
——以挂钩节余指标跨省域调剂为例

本章通过制度化机制设计一个全国范围内以地方政府为主体的发展权交易市场，由国土资源部制定一套标准化的交易规则来指导各交易主体进行发展权跨省域流转。发展权市场制度化机制设计具体包括发展权市场目标、发展权创设、需求与供给的创造、发展权市场交易规则、发展权市场的监管与调控及发展权交易效应。

9.1 制度化机制设计总论

我国的土地用途管制框架主要对各类用地指标实行指令性管理，中央到地方每年逐级分解下达的建设用地指标十分有限，且该计划配置方案与不同区域的实际需求存在较大偏差。这样可能导致经济发达的地区存在指标供给不足的问题，有些区域甚至为了发展而突破计划限制。相比之下，贫困地区对建设用地指标需求不大，指标相对宽松，由于缺乏指标调节机制，如果未在规定年限内使用完毕，就会产生"过期作废"的结果。除了每年计划下达的新增建设用地指标外，将农村建设用地整理复垦为相应的耕地，在满足自身发展后，往往还能节余一部分挂钩指标。如何有效缓解不同地区的指标供需矛盾，对刚性的指标配置方式进行修正，政府根据土地发展权转移原理，通过建立发展权市场化交易平台，将挂钩节余指标从供给区转移到需求区，并依据实际需求进行跨区域的发展权配置，不仅可以解决需求地区的指标问题，还可以实现对贫困地区的经济补偿，保障农民的合法权益。

上文分析了，以制度化机制建立的发展权市场主要用于解决一个区域内的普遍问题，区别于项目化机制设定一一对应的发送区和接收区的方式，本章建立的是一种完全机制化、标准化的发展权交易市场，通过不同区域之间的发展权流转，实现不同主体之间经济利益的调节。相比上文以项目化机制设计的平阳县发展权交易市场，本章设计的发展权市场可跨省域进行交易，市场的广度和深度较大，作用较强。

9.2 制度化机制设计目标

根据党的十八届五中全会首次提出的全面建成小康社会的目标要求，以及十九大报告提出的，"从现在到 2020 年，是全面建成小康社会决胜期"，国家以保护耕地、促进土地集约利用、保障农民和农村集体经济组织的合法权益为出发点，解决区域性整体贫困问题。本章拟以城乡建设用地增减挂钩节余指标跨省域调剂管理办法为依据，通过制度化机制构建一个全国范围内的增减挂钩节余指标市场，实现贫困地区增减挂钩节余指标的跨省域流转，其中贫困地区可界定为由国务院扶贫工作领导小组办公室认定的国家扶贫工作重点县。

本章以制度化机制建立全国范围内的发展权市场，这意味着，发展权可在任一贫困地区产生，也可以将其转让到全国范围的任一地区，发展权的流出方和流入方是不固定的，更不是事先一一对应的。基于此，本章通过制定一套适用于全国范围的交易规则，指导各交易主体进行挂钩节余指标的跨省域流转，并有效地实现发展权市场目标。

9.3 发展权创设

为解决发展权市场制度化机制设计的目标，中央可通过出台政策或规定，让有拆旧建新意愿并具有农村建设用地整理复垦潜力的贫困地区，在不破坏生态环境和历史文化风貌的前提下，根据不同区域的实际情况，按照因地制宜原则，按规定将闲置、废弃、低效的农村集体建设用地复垦为合格的耕地、林地等农用地，通过验收后，在满足该地区农户安置及发展需要外，形成挂钩节余指标。贫困地区可将挂钩节余指标通过国家建立的增减挂钩节余指标调剂平台，流转到较为发达的省份，这不仅能为易地扶贫安置提供资金，还能满足发达地区的用地需求。由于贫困地区一般为国家扶贫工作重点县，其市、县（区）人民政府可作为发展权跨省域调剂的责任主体和交易主体，市、县（区）国土资源主管部门负责具体实施。

由于发展权转移制度化机制设计并未设置固定的发送区，发展权可分配的总量也没有限制，且通过将土地利用现状为建设用地的土地复垦成为合格的农用地后，无法获得农用地分等定级的数据，故只需根据复垦的不同农用地类型，制定不同的发展权赋值标准和对应的发展权价格标准。

9.4 需求与供给的创造

本章中以制度化机制设计全国范围内发展权市场的国土资源部，相当于项目化机制中的地方政府；贫困地区与发达地区的地方政府作为发展权交易的供给方与需求方，实际相当于项目化机制中的交易主体。在本章建立的发展权市场中，不同地区的地方政府创造需求与供给。

（1）需求的创造

在我国建设用地指标计划配置模式下，一般较为发达地区的地方政府是发展权的需求主体，本章通过一些限制性规定形成市场需求，具体要求为，当各省份由中央下达的计划指标使用到一定比例，且在规划建设用地规模确有不足的情况下，各地方政府可以结合本地区情况，按照申报要求编制建新方案，申请购买使用跨省域的挂钩节余指标。购买的指标可用于商业、娱乐和商品住宅等经营性用地，也可用于市政设施、保障性住房等非经营性用地。

（2）供给的创造

贫困地区的市、县（区）人民政府是发展权市场的供给方，供给的创造主要由中央通过政策规定，具有农村建设用地整理复垦潜力的贫困地区，可根据自愿原则，按规定将农村集体建设用地复垦为合格的农用地，经验收合格后，在满足该地区农户安置及发展需要的同时，形成挂钩节余指标。其中，国土资源部制定贫困地区农村建设用地复垦实施办法，具体包括复垦标准、复垦环节、标准化验收等；各市、县（区）国土资源主管部门负责具体实施，具体包括对挂钩节余指标交易政策进行宣传，根据所在地区的土地利用现状、等级、权属等实际情况，分析农村建设用地整理复垦的潜力，了解所在地区贫困人口的生产生活条件和复垦意愿，组织复垦，监管并验收。其中，复垦项目应根据不同地区的现实需求，遵循生态保护原则及因地制宜原则，复垦为耕地、林地等农用地，且农用地质量越高，可分配的发展权数量就越多。

农户、农村集体经济组织及拥有土地权属的其他主体，是农村建设用地复垦的主体，当复垦完成之后，其土地权利人不变。根据自愿原则，土地权利人可选择是否向所属乡镇人民政府、街道办事处申请复垦。土地权利人申请复垦的具体条件包括：①申请复垦农村建设用地符合土地利用总体规划，除确定的城镇建设用地扩展边界及能源、交通等工程设施用地范围之外，且具备主要复垦为耕地、园地、林地等农用地的条件。②申请复垦的农村用地界址准确、权属清晰，具有合法权属证明。③复垦农户申请复垦宅基地应存在主体房屋，除合法途径取得的宅基地外，坚持一户一宅。根据以上条件，土地权利人申请复垦应提交的资料包括：①农村建设用地复垦申请表。②土地权利人身份证及户口簿。③房地产证或集体土地使用证。

所在乡镇人民政府、街道办事处或者县（区）国土资源主管部门负责对土地权利人申请的复垦资料进行审查，并告知申请人权利义务、复垦程序、价款分配等相关政策内容，对于符合复垦条件的申请人，出具审查通过的书面意见。当满足复垦条件的土地权利人达到50家时，所在乡镇人民政府、街道办事处应当向所在县（区）国土资源主管部门申报复垦项目，由所在县（区）国土资源主管部门编制复垦方案，负责具体实施，可优先支持扶贫搬迁、地质灾害避让搬迁等复垦项目的实施。

9.5 发展权市场交易规则

国土资源部负责对发展权交易的规范流程进行统一设计，确立发展权交易具体环节细化的操作方式，制定一套包含交易流程、价格标准及资金管理方面在内的指导意见，并建立增减挂钩节余指标调剂平台，确保相关主体在跨省域流转发展权的规范运作。以制度化机制设计的发展权市场交易可按以下程序进行，具体内容如图9-1所示。

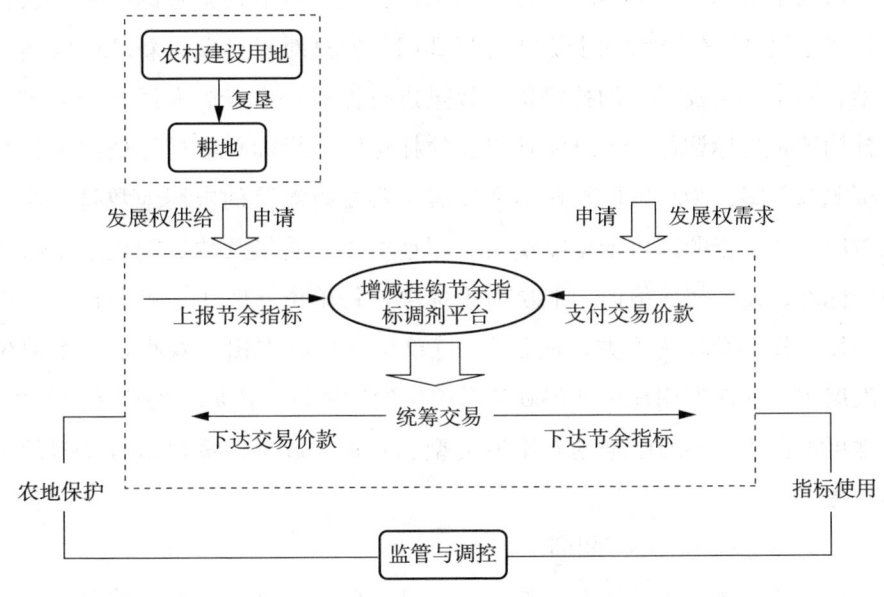

图 9-1　发展权市场制度化交易示意图

（1）节余指标供给方申请

贫困地区所在县（区）国土资源主管部门根据该行政区域土地权利人的复垦申请，按照复垦规定组织实施复垦，形成的农用地应当符合国土资源部制定的复垦标准，待复垦项目竣工后，组织本级农业、水利等部门和乡镇人民政府、街道办事处进行验收。验收合格的，县（区）国土资源主管部门将相关信息进行公示，公示期间无异议的，由县（区）国土资源主管部门核发建设用地整理合格证，相关内容应包括土地权利人信息、复垦项目新增农用地面积、新增耕地（农用地）面积及利用等别、减少的农村建设用地面积、农村发展留用面积、剩余可使用面积等信息。其中，剩余可使用面积即为增减挂钩节余指标，可作为申请交易的规模。

县（区）国土资源主管部门在核发建设用地整理合格证后，应当向市国土资源主管部门申请复核，市国土资源主管部门组织抽查复核，复核合格之后，配发建设用地整理合格证备案号，并注销相应复垦地块的权属证书，对土地利用现状进行变更登记；复核不合格的，出具书面整改意见，整改之后再进行核查。

市国土资源主管部门将获得建设用地整理合格证备案号的挂钩节余指标情况上报到所在省级国土资源主管部门，通过对复垦项目新增的农用地类型、质量，以及对应的挂钩指标数量进行汇总，由省级人民政府通过增减挂钩节余指标调剂平台，将拟出让的挂钩节余指标总数量等情况上报国土资源部备案；为将发展权赋值和发展权实现时涉及的农用地数量、质量相对应，国土资源部可依据复垦的农用地类型、质量及数量制定发展权赋值的标准，发展权赋值以一般耕地为标准，每单位一般耕地可获得 1 个单位的发展权（单位为平方米或亩），每单位高标准农田可获得 1.3 个单位的发展权，其他农用地可获得 0.7 个单位的发展权。依据发展权赋值标准，各地可根据复垦项目新增的农用地类型、质量、数量计算得出可获得的发展权数量。

（2）节余指标需求方申请

需要使用节余指标的有关省（市、县）结合本地区情况，编制使用节余指标拟用于建新的方案并上报，方案内容包括拟用于建新的规划用途、位置、拟占用农用地面积、拟占用耕地面积（其中包括基本农田面积）等，其由所在省级国土资源部门组织和审批通过后，通过增减挂钩节余指标调剂平台上报国土资源部备案。申请使用节余指标的省（市、县）必须在上级下达的年度农转用计划指标使用到一定比例，且在规划建设用地规模确有不足的情况下，才可申请使用跨省域调剂节余指标，增加规划建设用地规模，其原则上不得用于特大城市和超大城市的中心城区，并在编制新一轮的土地利用总体规划时予以调整。

(3) 制定节余指标交易指导价格

国土资源部统一制定跨省域调剂节余指标交易指导价格，其中，交易指导价格需结合挂钩节余指标供给方复垦的农用地类型和质量，依据国土资源部制定的发展权赋值标准，复垦为一般耕地的每亩30万元，复垦为高标准农田的每亩39万元，复垦为其他农用地的每亩21万元。国土资源部可根据各地上报的不同类型农用地数量和质量，将其转换为相应的发展权数量，在此基础上，综合考虑挂钩节余指标供给方的复垦成本、土地权利人的安置费用等，制定最终的交易指导价。

(4) 统筹交易

国土资源部分别根据节余指标供给方和需求方在节余指标调剂平台的备案情况，统筹安排相关事项。一方面，每次交易的挂钩节余指标数量可定期（如每半月一次）将申请挂钩节余指标数量等情况进行汇总，以市、县为单位，将不同地区复垦土地的类型和质量对应的挂钩节余指标数量、挂钩节余指标指导价格等情况予以公告，通过审核的节余指标需求方可按公告情况提交购买申请书，明确购买面积。有两个或两个以上购买人申请的，可采取拍卖方式，确定挂钩节余指标的竞得方和成交金额。财政部据此收取竞得方的发展权交易价款，并纳入省级财政向中央财政的一般公共预算转移性支出，将节余指标下达至指标需求方所在省份，并相应增加该地区的建设用地规划空间。另一方面，财政部向节余指标供给方所在省份下达发展权交易价款，再由省级财政主管部门根据省级国土资源部门确认的发展权交易价款金额向省域内各节余指标供给方拨付。

在全国范围内，多个供给方（指标流出区）和需求方（指标流入区）共同组成发展权市场，由于事先并未指定一一对应的指标流出区和指标流入区，因此交易过程中可能存在两种情况。第一种，供给方（指标流出区）提供节余指标数量较多，存在调剂到多个流入地区的情况；第二种，需求方（指标流入区）需要节余指标数量较多，存在需要多个流出区指标的情况。当挂钩节余指标交易实现之后，国土资源部对每次交易对应的供需双方相关情况进行备案。

（5）资金管理

节余指标供给方的发展权交易价款支出被列入中央财政对地方财政的一般性转移支付，优先和重点保障节余指标供给方的安置补偿、拆旧复垦、基础设施和公共服务设施建设、生态修复、耕地保护、高标准农田建设、农业农村发展建设等。市、县级政府根据当地不同的安置方式，进行统筹管理。对于集中安置的，将节余指标收益返还农村集体经济组织，由农户安排用于新居或基础设施建设等；对于分散安置的，将节余指标收益返还农户，用于购房补助等。

依据国土资源部出台的政策，四川马边彝族自治县与浙江绍兴市越城区以东西部扶贫协作的方式，成为全国首个城乡建设用地增减挂钩节余指标跨省域调剂交易案例，其交易价格通过协议形式达成，并未形成市场价格。本章的制度化机制设计是在城乡建设用地增减挂钩节余指标跨省域调剂管理办法的基础上进行的进一步细化和改进，其主要体现在：①发展权赋值。根据复垦的农用地类型、质量及数量制定发展权赋值标准，以此对应发展权的交易指导价格。②发展权价格形成。尽管都是由国土资源部统筹安排，但区别于上述交易案例的是，在发展权交易指导价格的基础上，以招标、拍卖等形式形成发展权交易价格。③发展权实现。指标流入区获得的发展权与被占农用地的质量挂钩，且被占农用地与保护农用地依据同样的发展权赋值方式进行测算。④发展权交易效应。当交易完成后，指标流出区和流入区都应建立"确保被占农用地与保护农用地的质量不降低"的控制措施。

9.6 发展权市场交易监管与调控

国土资源部不仅负责政策指导、规则制定，还需要对挂钩节余指标调入区与调出区进行监管与调控。在发展权市场交易具体实施中，国土资源部建立增减挂钩节余指标调剂平台，该平台的主要职责包括受理发展权交易申请、办理发展权交易相关手续、定期分析发展权交易情况等有关事务。增减挂钩节余指标调剂平台根据每次交易生成的电子监管码，可以对已经交易的节余指标调出区和调入区进行动态监管，确保对节余指标调出区复垦为农用地的保护情况、节余指标调入区的发展权实现情况进行核查。

当节余指标调出区出现违背群众意愿强行实施复垦、侵害农民群众利益的行为时，所在市国土资源部门可依照有关规定取消建设用地整理合格证备案号，已经进行节余指标交易的，可向省级财政部门返还发展权价款；有违法违纪行为的，应移交相关部门依法处理。节余指标调入区出现弄虚作假，建新方案迟迟不落实等情况，不得再次申请使用挂钩节余指标，应向所在省级国土资源部门返还节余指标，由省级国土资源部门重新分配节余指标。

地方国土资源主管部门的职责主要包括：一方面，节余指标调出区所在县（区）国土资源主管部门负责对复垦方案进行审批、验收；市国土资源主管部门组织复核，并核发证书；省级国土资源主管部门负责落实所在复垦地区安置任务和农用地保护任务。另一方面，节余指标调入区所在省级国土资源部门负责对建新方案进行审批，并监督落实发展权实现情况。

9.7 发展权交易效应

以制度化机制建立的发展权市场产生的交易效应具体表现在以下两个方面：

第一，对于节余指标流出区而言，当发展权交易结束之后，其效应设计须嵌入我国保有耕地和永久基本农田保护制度，复垦形成一般耕地、高标准农田、林地或其他农用地之后，不得改变其农用地用途，且应保证与其复垦验收时的农用地类型和质量等级挂钩。一方面，农民复垦和移居是一个不可逆的过程；另一方面，挂钩节余指标指导价格主要是根据农民复垦土地的类型和质量确定的。因此，节余指标流出区在获得经济补偿的同时，还应维持其交易时确定的农用地类型和质量，不得降低，并对其进行永久性保护，不能再用作其他开发活动，今后的规划也不得改变其农业用途，并进行公告。国家重点建设项目确实无法避开该区域，需要占用该农用地的情况除外。当地政府应将农用地保护任务落实到集体或个人，若出现将农用地进行非农建设，或已复垦的农用地质量出现降低的情况，相关责任主体应进行调整。

第二，对于节余指标调入区来说，当发展权交易结束之后，其效应设计须嵌入我国农用地非农化开发制度。市、县级人民政府作为发展权跨省域调剂的交易主体，可根据申请使用指标时的建新方案下发挂钩节余指标，相关法人或组织需要支付之前由省、市、县（区）地方政府垫付的发展权交易价款，由地方政府开具发展权交易价款支付证明。建设单位获得挂钩节余指标之后，可根据建新方案，按后续程序办理农用地转用申请等，当其参与竞拍城市规划区内的国有土地使用权时，可凭发展权交易价款支付证明冲抵建设用地有偿使用费。由于挂钩节余指标兼具新增建设用地指标和补充耕地指标，因此无须再补充耕地或缴纳耕地开垦费。此外，国土资源部核定下达至各市、县的挂钩节余指标，不得再次进行转让。

同时，当节余指标调入区的发展权实现时，为保证被占农用地和保护农用地的质量和数量挂钩，依据国土资源部制定的发展权赋值标准，测算被占农用地质量和数量对应可获得的发展权。若被占农用地质量高于保护农用地的质量，需要相应减少被占农用地的数量。

9.8 本章小结

为了对刚性的指标配置方式进行修正，有效缓解不同地区的指标供需矛盾，并解决区域性贫困问题，本章以制度化机制构建全国范围内的增减挂钩节余指标市场。由国土资源部建立增减挂钩节余指标调剂平台，负责设计一套标准化的发展权市场交易规则，指导各交易主体进行增减挂钩节余指标的跨省域流转。贫困地区根据自愿原则，按规定通过复垦生产出挂钩节余指标之后，由所在省级人民政府将拟出让的挂钩节余指标总数量等情况，通过增减挂钩节余指标调剂平台上报国土资源部。节余指标需求方所在省级人民政府将拟用于建新方案的节余指标情况，通过增减挂钩节余指标调剂平台上报国土资源部，国家根据节余指标供给方和需求方在节余

9 发展权转移制度化机制设计——以挂钩节余指标跨省域调剂为例

指标调剂平台的备案情况，定期发布交易拟出让的挂钩节余指标数量，并制定挂钩节余指标交易指导价，统筹安排，以公开竞价方式确定竞得人和成交价格。一方面，收取竞得方有关省（区、市）发展权交易价款，并下达节余指标。另一方面，财政部向节余指标供给方下达发展权交易价款。当完成交易之后，节余指标流出区通过复垦形成的农用地获得永久保护，节余指标流入区获得挂钩节余指标的相关建设单位可根据建新方案，办理后续程序，并凭发展权交易价款支付证明冲抵建设用地有偿使用费和耕地开垦费。

10 研究结论及其政策含义

10.1 研究结论

本书针对中国国内学者对土地发展权问题尚未形成统一的认识,甚至存在对立、冲突、混乱的情况,分析与比较了发展权在英美法系与大陆法系不同制度框架下、不同权利体系中的位置、特点及表现形式。在对两大法系国家(地区)的土地发展权转移经验进行梳理和总结的基础上,分析和论证了英美法系发展权在我国不同视域下的对应形式;在国内土地发展权转移本土经验的启示下,提出土地发展权转移机制设计的目标和要点,并从定性视角论证了我国土地发展权市场的结构,刻画了我国土地发展权转移机制的原理;提出了土地发展权转移设计的两种技术路径,并分别进行项目化机制和制度化机制设计。

本书的主要研究结论如下:

(1)在英美法系的权利束范式下,发展权属于权利束中的一项权利,具有独立性和完整性,权利人可将其从土地权利束中单独分离出来,进行让渡和流转。在大陆法系物权范式下,所有权和使用权中都有发展的权能,但其不是一项物权,不具有独立性和可让渡性。发展权在英国具体表现为发展许可;在美国表现为地上空间开发强度的改变和土地用途的转换,通常由单位面积允许建造的住宅单元、容积率等进行度量。在大陆法系国家(地区),发展权表现为一种可转让的公权力管制配额,意大利将其量化为建筑容量,法国、日本将其量化为容积率。从两大法系国家(地区）的发展权转移经验可以得出，发展权市场是人为创设的市场，普遍以项目的形式开展，且通过发展权转移，发展权在让渡出的土地上作废，发送区的该处土地不再用作其他开发活动，从而获得永久保护。

（2）由于土地用途分区管制的存在，两大法系国家（地区）均存在国家介入发展权的情形。第一种情形是切除发展权，即国家运用公权力对发展权进行切除，切除是永久性的，不存在补偿问题，之后也不再恢复。第二种情形是冻结发展权，即由国家通过公权力将发展权冻结，冻结是暂时性的，发展权实际还存在，产权人通过与国家达成协议，将发展权解冻，即可获得发展权，但只可自用，不能转移。第三种情形是转移发展权，即国家赋予土地产权所有人一定数量的发展权，通过建立土地发展权市场，使其能够与其他交易主体达成协议，实现发展权转移。

（3）本书通过将英美法系的发展权纳入我国不同视域下进行分析，论证了在中国物权体系中创设或增列土地发展权是不可行的，同时区分了土地发展权与土地增值收益之间的关系。我国空间用途管制视域下，存在国家公权力对发展权的干预，在切除发展权和冻结发展权的情形下，发展权并不是一项独立的权利，而是一项发展的权能。国家公权力允许发展权转移时，会产生一种公权力管制配额，它不具备物权的特征，更不具备债权特征，也不是纯粹公法领域的行政权力，而是公私法交界领域的一种独立的特殊权利形态，可以称之为发展权。根据与我国现有制度的衔接，发展权在我国主要对应两种形式，一种是容积率，另一种是建设用地指标。

（4）根据我国土地发展权转移的本土经验，地方实践本质上是一个土地发展权市场交易和空间配置的过程；各地实践以发挥市场主导功能为出发点，通过市场机制形成发展权交易价格；发展权市场的运作存在项目化和制度化两种方式；相对于其他国家（地区）的发展权转移，中国国内的发展权交易对已经实现发展权交易的土地并未实行永久保护或做出其他相关规定，这是我国与其他国家（地区）在发展权交易中最大的区别。

（5）土地发展权转移机制不是客观存在的，而是通过人为设计得以实现的，因此其属于机制的设计问题。土地发展权转移机制设计的目标是将土地发展权市场作为土地用途管制的一种辅助和补充，是政府引入的一种调节经济利益关系的实施方式，对因土地用途管制而利益受损的地区或个人进行补偿。通过引入市场机制，政府对其进行修正和设计，再将修正后的市场与土地用途管制协同在一起，形成土地发展权转移机制，即"土地发展权转移机制＝土地用途管制＋土地发展权市场"。通过土地发展权市场与一般商品市场、土地市场的比较，本书在理论上进一步论证了我国土地发展权市场是一个人工市场。首先，交易对象是由政府创设形成的一种拟制物；其次，发展权的供给与需求并非在市场中自发形成的，而是由政府创造的，政府创造了供给，确定了需求，再由人造的供给和需求来决定价格，进一步地讲，这是政府人为创造的一种价格。根据对土地发展权市场的分析，本书发现，发展权的供需不完全符合经济学的供求规律，并不是一个真正的市场，不具备通常意义上市场的功能。

（6）土地发展权转移机制设计的技术路径有两种：项目化和制度化，以项目化机制设计的发展权市场具有特定性，需要事先指定一一对应的发送区和接收区，每个项目都是一事一议，服从于一个特定的目的，并针对特定的目的和特定交易主体建立一套交易规则，有交易时间和交易总量的限制。项目化机制适用于解决指定区域范围内的具体问题，可以有目的性和针对性地对被限制发展地块赋予发展权，并将发展权指定到允许发展的区域，具有"精确制导"作用。项目化机制更具灵活性和针对性，交易风险较小，但可能出现交易成本过高的问题。以制度化机制建立的发展权市场具有普遍性和适用性，没有事先指定一一对应的发送区和接收区，没有限定的交易主体，没有交易时间、交易空间、交易总量的限制，是一种永续的、可重复性的、周而复始的交易活动，适用于解决一个区域的普遍问题。制度化机制的实行相对简单，应用范围相对较广，市场作用较强，但可能面临相应的市场风险和制度风险。

10.2 可能的创新之处

本书可能的创新之处主要体现在以下三个方面：

（1）通过比较英美法系和大陆法系财产制度的重大差别，探究和厘清了发展权在不同制度框架、不同权利体系的本质、特点及形式,并根据两大法系国家(地区)发展权的实现形式,总结了国家对发展权存在的切除、冻结、转移三种干预情形。其中,切除发展权是永久性的,不存在补偿问题,之后也不恢复;冻结发展权是暂时性的,发展权实质还存在,解冻之后只可自用,不能转移;转移发展权是由政府赋予土地产权所有人一定数量的发展权,可通过建立发展权市场实现发展权转移。

(2) 分析和论证了英美法系的发展权在我国不同视域下的对应形式,否定了将土地发展权增列为我国土地物权体系之一的思路,区分了土地发展权与土地增值收益之间的关系,论证了发展权在我国空间用途管制视域下对应的两种实践形式:一种是容积率,另一种是建设用地指标。

(3) 将土地发展权转移机制的原理进行分析论证,得出土地发展权转移机制为土地发展权市场与土地用途管制的有机融合。将修正后的土地发展权市场引入我国土地用途管制框架,提出了发展权转移机制设计的两种技术路径,并对项目化机制和制度化机制的特征及表现进行了刻画,根据项目化和制度化不同的应用路径,在完善现行土地指标交易政策的基础上,分别进行了技术设计。

10.3 进一步研究方向

鉴于多方面因素的制约,本书虽在土地发展权转移机制设计的原理及路径方面做了探索,但仍存在诸多不足和遗漏,还需在以下方面进行进一步深入研究:

(1) 以项目化机制与制度化机制设计的发展权市场交易实施效果需进行进一步论证。本书将土地发展权作为一项政策工具用于解决土地用途管制造成的利益不均衡问题,应对两种不同的发展权市场机制设计产生作用进行验证。由于国内土地发展权交易案例仅在个别省份出现,或交易期限较短,较难取得大范围的统计数据,因此,在对项目化机制或制度化机制的发展权交易实施效果的计量和实证研究上,本书还不具备充分条件,可在土地发展权转移机制设计的后续研究中进一步加强。

（2）土地发展权的价格形成机制需要进一步考量与完善。囿于研究范围及研究资料的局限性，本书仅从定性角度论证了土地发展权市场的结构，且发展权转移制度设计更侧重于供需的创造、交易规则的制定，具体到土地发展权的经济分析、价值测算、价格形成机制等，在今后的研究中，可以进一步展开，指导土地发展权转移机制在中国的具体实践。

10.4 政策含义

（1）土地发展权转移机制可以对因土地用途管制而利益受损的地区或个人进行补偿，作为政府调节经济利益关系的一种实施方式，有广泛的应用。

第一，探索一种既遵循世界贸易组织（WTO）规则，又符合我国国情的农业支持保护的新途径。作为我国国民经济的基础，农业的发展切实关系农民的利益，目前，在WTO框架下，我国对农业的支持主要包括农作物良种补贴、种粮农民直接补贴和农资综合补贴，这些都属于WTO国内支持的"黄箱"政策，如果要加大对农业的支持，必须要对国内三种补贴加大力度。根据"入世"协议，允许中国对农业的"黄箱"补贴占农业产值的8.5%，一旦超过8.5%，就会违反WTO规则，被其他国家投诉。将国内土地发展权转移机制设计的路径放入WTO的框架来看，通过将废弃、闲置、低效的农村建设用地复垦为一般耕地、基本农田等方式，由地方政府对土地所有者进行补偿，属于WTO国内支持的"绿箱"政策中的一般政府的基础设施建设或耕地保护，并未触碰到WTO规则，是合理的。换言之，在WTO框架下进行发展权转移的探索，不仅是对农民的一种补偿方式，也为支持农业开辟了另一条渠道，属于强农惠农的道路。

第二，优化国土空间开发布局。引入发展权转移机制，实现对耕地等稀缺资源的利用和保护，不仅能对政府实施的国土空间的管制进行市场取向的校正，也能对国土空间开发格局进行进一步优化。

第三，提高土地利用配置效率。将修正后的土地发展权市场作为土地用途管制的一种补充方式，不仅能改善土地用途管制的弹性和适应性，还能允许发展权依据实际需求进行跨区域配置，实现土地用途管制与市场调剂的协调与统一。

第四，农民权益保障。由于缺乏弹性的土地用途管制制度不具备经济利益调节作用，无法对利益受损的地区或个人进行补偿，建立保有耕地农户发展权市场的补偿机制，由政府调节发展权的供需关系，可以形成不同主体之间的利益分配，有效保障农民权益。

（2）土地发展权转移机制有两种技术路径，二者最大的不同在于发展权市场构造的差异。第一种项目化机制，适用于解决指定区域范围内可以量化的实际问题，如保护某个历史遗迹，或某个地区一定数量的基本农田等，将其设定为发送区，有针对性地赋予其发展权，并指定与之相对应的接收区，通过发展权转移，实现发送区的永久保护。第二种制度化机制，适用于解决一个区域内的普遍问题，如重庆地票，不指定一一对应的交易区域，只要符合交易规则，就可开展发展权交易。

第一，选择项目化机制时，需要注意的是，由于交易双方数量较少，可能产生"清淡市场"，无法保证有效的交易发生。因此，需要通过建立发展权交易服务结构，直接参与到发展权市场来纠正这个问题，一方面，通过发展权交易服务机构提供的交易信息，降低交易成本；另一方面，政府介入并调整供给与需求，保证土地发展权市场的有效运行。

第二，当选择制度化机制时，由于其市场化程度较高，且没有总量控制，需要注意可能面临的市场风险。以本书建立的全国范围的挂钩节余指标市场为例，为避免出现需求不足，各地方政府申请购买的指标不仅可用于经营性用地，还可用于非经营性用地；为避免出现指标供给不足，国家扶贫工作重点县均可以按照复垦规定，形成挂钩节余指标；为避免发展权实现困难，当交易结束之后，节余指标下达至竞得方所在省份时，也相应增加了该地区的建设用地规划空间。与此同时，指标流出区一旦完成复垦，通过验收并获得指标，相应主体必须在一年内完成交易，而已经完成交易获得指标的竞得人不得再次进行转让。此外，国土资源部要严格管控发展权市场的交易频率和交易数量，并对指标调出区的农用地保护情况，以及指标调出区的发展权实现情况进行核查。

参 考 文 献

1. 英文参考文献

[1] ADAMS A. How can richmond, Rhode island grow smarter? Is transfer of development rights the answer? [D]. Gainesville: University of Florida, 1997.

[2] ALAN PRIOR. UK planning reform: A regulationist interpretation [J]. Planning Theory and Practice, 2005, 6 (4): 465-484.

[3] ANDREW PLANTINGA, DOUGLAS J., Miller. Agricultural land values and the value of rights to future land development [J]. Land Economics, 2001, 77 (1): 56-67.

[4] ANTONIO TAVARES. Can the market be used to preserve land? The case for transfer of development rights [C]. European Regional Science Association 2003 Congress, 2003.

[5] AD BRUENING. The TDR Siren Song: The problems with transferable development rights programs and how to fix them [J]. Journal of Land Use & Environmental Law, 2008, 23 (2): 423-440.

[6] ARIK LEVINSON. Why oppose TDRs? Transferable development rights can increase overall development [J]. Regional Science and Urban Economics, 1997, 7 (3): 283-296.

[7] ARTHUR C., NELSON, RICK PRUETZ, et al. The TDR handbook: designing and implementing transfer of development rights programs [M]. New York: Island Press, 2012.

[8] BB CHAVOOSHIAN, THOMAS NORMAN. Transfer of development rights: A new concept in land-use management [J]. The Appraisal Journal, 1973 (7): 400-409.

[9] BARRY C., FIELD, JM CONRAD J. M.. Economic issues in programs of transferable Development rights [J]. Land Economics, 1975, 51 (4): 331-340.

[10] BERRY DAVID, GENE STEIKER. An economic analysis of transfer of development rights [J]. Natural Resources Journal, 1977, (17): 55-80.

[11] BIRKS P.. Roman law concept of dominium and the idea of absolute ownership [J]. Acta Juridica, 1985 (1): 1-37.

[12] BRUCE E. CARPENTER, DENNIS R., HEFFLEY. Spatial-equilibrium analysis of transferable development rights [J]. Journal of Urban Economics, 1982, 12 (2): 238-261.

[13] CARL C., MABBS-ZENO. Design of programs using transferable development rights to preserve farmland in the northeast [J]. Canadian Public Administration, 1981, 5 (2): 133-155.

[14] CECILIA CHU, KYLIE UEVERGANG. Saving hong kong's cultural heritage [J]. Civic Exchange, 2002 (2): 51-104.

[15] CHAPIN TIMOTHY S.. From growth controls, to comprehensive planning, to smart growth: planning's emerging fourth wave introduction [J]. Journal of the American Planning Association, 2012, 78 (1): 5-15.

[16] CHORUS, P. . Japan: using developing rights as driver for development, Non-financial compensation in spatial planning practice: an international comparative study [M]. Amsterdam: IOS Press, 2008.

[17] COURTENAY D., MERCER. Transfer of development rights in new Jersey [EB/OL]. [2008-08-20]. http://www.nj-smartgrowth.com.

[18] CYNTHIA J., NICKERSON, LORI LYNCH. The effect of farmland preservation programs on farmland prices [J]. American Journal of Agricultural Economics, 2001, 83 (2): 341-351.

[19] DARYL JOHN, GIBSON. Planning a market: transferable planning mechanisms in New Zealand [D]. Wellington: Massey University, 1996.

[20] DAVID A., RICHARDS. Development rights transfer in New York City [J]. The Yale Law Journal, 1972, 82 (2): 338-372.

[21] DAVID E., MILLS. Is zoning a negative-sum Game? [J]. Land Economics, 1989, 65 (1): 1-12.

[22] DAVID E., MILLS. Transferable development rights markets [J]. Journal

of Urban Economics, 1980, 7 (1): 63-74.

[23] EDWIN BUITELAAR, BARRIE NEEDHAM. Property rights and private initiatives: An introduction [J]. Town Planning Review, 2007, 78 (1): 1-8.

[24] EDWIN H. W. , CHAN. J H. Developing a framework to appraise the critical success factors of transfer development rights (TDRs) for built heritage conservation [J]. Habitat International, 2015, 46: 35-43.

[25] ELIZABETH KOPITS, VIRGINIA MCCONNELL, MARGARET WALLS. Making markets for development rights work: what determines demand? [R]. Discussion Paper of Resource for the Future, 2005.

[26] ERVIN D. , HAGMAN D. G. , MISCZYNSKI D. J. . Windfalls for wipeouts: land value capture and compensation [J]. American Journal of Agricultural Economics, 1979, 61 (4): 390-396.

[27] ESTHER GEUTING. Proprietary governance and property development: using changes in the property-rights regime as a market-based policy tool [J]. Town Planning Review, 2007, 78 (1): 23-39.

[28] EVANGELINE R. , LINKOUS, TIMOTHY S. , et al. TDR program performance in Florida [J]. Journal of the American Planning Association, 2014, 80 (3): 253-267.

[29] EVANGELINE R. , LINKOUS. Transfer of development rights in theory and practice: The restructuring of TDR to incentivize development [J]. Land Use Policy, 2016, 51: 162-171.

[30] EZIO MICELLI. Development rights markets to manage urban plans in Italy [J]. Urban Studies, 2002, 39 (1): 141-154.

[31] FRANCESCO CHIODELLI, STEFANO MORONI. Zoning-integrative and zoning-alternative transferable development rights: Compensation, equity, efficiency [J]. Land Use Policy, 2016, 52: 422-429.

[32] FRANCIS KARANJA, ISMO RAMA. Land use planning challenges and tools—tradable development rights: Design considerations [J]. Australian Agricultural and Resource Economics (AARES) 2011 Conference, 2011, 2: 8-11.

[33] GARY WOLFRAM. The sale of development rights and zoning in the pres-

ervation of open space: lindahl equilibrium and a case study [J]. Land Economics, 1981, 57 (3): 398-413.

[34] GEORGE DE KAM, DICK LUBACH. Tradable building rights and the financing of urban renewal [J]. Town Planning Review, 2007, 78 (1): 103-117.

[35] GIANLUCA MENGHINI, FABIAN GEMPERLE, IRMI SEIDL. Results of an agent-based market simulation for transferable development rights (TDR) in Switzerland [J]. Environment and Planning B: Planning and Design, 2015, 42 (1): 157-183.

[36] GOVERNOR JUDY MARTZ, WILL ROGERS, LYNN CORNWELL. Purchase of development Rights: conserving lands, preserving western livelihoods [M]. Arizona: Western Governors' Association, The Trust for Public Land, and National Cattlemen's Beef Association, 2002.

[37] HAGMAN, DONALD G.. A new deal: trading windfalls for wipeouts [J]. Planning, 1974 (40): 9-13.

[38] HAGMAN, DONALD G., MISCZYNSKI, et al. Windfalls for wipeouts: land value capture and compensation [M]. Chicago: American Society of Planning Officials, 1978.

[39] JAMES A., GRAASKAMP. Impressions on the marketability of TDRs, or toward the science of cubernetics in the space age [J]. The Appraisal Journal, 1976, (7): 435-444.

[40] JAMES T., BARRESE. Efficiency and equity considerations in the operation of transfer of development rights plans [J]. Land Economics, 1983, 59 (2): 235-241.

[41] JAMES T. B., TRIPP, DANIEL J., et al. Institutional guidelines for designing successful transferable rights programs [J]. Yale Journal on Regulation, 1989, 6 (2): 369-391.

[42] JEFF AKEN, JEREMY ECKERT, NANCY FOX, et al. Transfer of development rights (TDR) in washington state: overview, benefits, and challenges [J]. The Cascade Land Conservancy, 2008 (6): 1-36.

[43] JEFFREY KLINE, DENNIS WICHELNS. Using referendum data to Char-

acterize public support for purchasing development rights to Farmland [J]. Land Economics, 1994, 70 (2): 223-233.

[44] JENNIFER FRANKEL. Past, present, and future constitutional challenges to transferable development rights [J]. Washington Law Review, 1999, 74 (3): 825-851.

[45] JOHN C., DANNER. TDRs-great idea but questionable value [J]. The Appraisal Journal, 1997 (4): 133-142.

[46] JOHN J., COSTONIS. Development rights transfer: An exploratory essay [J]. The Yale Law Journal, 1973, 83 (75): 75-128.

[47] JOHN M., CONRAD, DAVID LEBLANC. The supply of development rights: results from a survey in Hadley, massachusetts [J]. Land Economics, 1979, 55 (2): 269-276.

[48] KEITH D., WIEBE, RUTH MEINZEN-DICK. Property rights as policy tools for sustainable development [J]. Land Use Policy, 1998, 15 (3): 203-215.

[49] KENNETH M., CHOMITZ. Transferable development rights and forest protection: An exploratory analysis [C]. International Regional Science Review. 2004: 348-373.

[50] KENT D., MESSER. Transferable development rights programs: An economic framework for success [J]. Journal of Conservation Planning, 2007 (3): 47-56.

[51] LI P.. Transfer of development rights approach: striking the balance between economic development and historic preservation in Hong Kong [J]. Surveying and Built Environment, 2008, 19 (1): 38-53.

[52] LAWSON F. H., BERNARD RUDDEN. The law of property [M]. New York: Oxford University Press, 2002.

[53] LESLIE E., SMALL, DONN A., et al. Transfer of development rights: A market analysis [J]. American Journal of Agricultural Economics, 1980, 62 (1): 130-135.

[54] MATTI LISKI. Thin versus thick CO_2 market [J]. Journal of Environmental Economics & Management, 2001, 41 (3): 295-311.

[55] KLEINER M.. The unconstitutionality of transferable development rights [J]. Yale Law Journal, 1975, 84 (4): 1101-1122.

[56] MARGARET A., WALLS, VIRGINIA D., et al. Transfer of development rights in U. S. communities [R]. Resources for the Future Report, 2007.

[57] MARJOLEIN SPAANS, MENNO VAN DER VEEN, LEONIE J.. The concept of non-financial compensation: what is it, which forms can be distinguished and what can it mean in spatial terms? [J]. Planum the European Journal of Planning Online, 2010 (1): 1-21.

[58] MAX J., PFEFFER, MARK B., et al. Farmland preservation, development rights and the theory of the growth machine: the views of planners [J]. Journal of Rural Studies, 1994, 10 (3): 233-248.

[59] MICHAEL D., KAPLOWITZ, PATRICIA MACHEMER, et al. Planners' experiences in managing growth using transferable development rights (TDR) in the United States [J]. Land Use Policy, 2008, 25: 378-387.

[60] NICHOLAS BRATTON, JEREMY ECKERT, NANCY FOX. Alternative transfer of development rights (TDR) transaction mechanisms [J]. The Cascade Land Conservancy, 2008 (7): 1-28.

[61] NOBORU, SAKASHITA. An economic analysis of the transferable development Rights [J]. Cybergeo: European Journal of Geography, 1998 (8): 2-14.

[62] PETER CLINCH J., EOIN O'NEILL. Assessing the relative merits of development charges and transferable development rights in an uncertain world [J]. Urban Studies, 2010, 47 (4): 891-911.

[63] PATRICIA L., MACHEMER, MICHAEL D., et al. A framework for evaluating transferable development rights programmes [J]. Journal of Environmental Planning and Management, 2002, 45 (6): 773-795.

[64] PATRICIA L., MACHEMER, MICHAEL KAPLOWITZ, et al. Managing growth and addressing urban sprawl: transfer of development rights [R]. Research report 563, East lansing, MI: Michigan agricultural experiment station, Michigan State University, 1999.

[65] PATRICIA L., MACHEMER. Policy analysis of transferable development

rights programming using geographic information systems modeling [J]. Landscape Journal, 2006, 25 (2): 228-244.

[66] PATRICK C., MCGINLEY. Bundled rights and reasonable expectations: applying the lucas categorical taking rule to severed mineral property interests [J]. Vermont Journal of Environment Law, 2010, 11 (3): 525-578.

[67] PAUL THORSNES, GERALD P. W., SIMONS. Letting the market preserve land: the case for a market-driven transfer of development rights program [J]. Contemporary Economics Policy, 1999, 17 (2): 256-266.

[68] PHILIP BOOTH. Nationalising development rights: the feudal origins of the British planning system [J]. Environment and Planning B: Planning and Design, 2002, 29 (1): 129-139.

[69] PRUETZ R., STANDRIDGE N.. What makes Transfer of development right work? [J]. Journal of the American Planning Association, 2009, 75 (1): 78-87.

[70] RALPH E., HEIMLICH, WILLIAM D., et al. Development at the urban fringe and beyond: impacts on agriculture and rural land [R]. Agricultural Economics Reports, 2001.

[71] RALPH HENGER, KILIAN BIZER. Tradable planning permits for land-use Control in Germany [J]. Land Use Policy, 2010, 27: 843-852.

[72] RICHARD J., RODDEWING, CHERYL A., et al. Transferable development rights: TDRs and the real estate marketplace [M]. Chicago: American Planning Association, 1987.

[73] RICHARD L., BARROWS, BRUCE A., et al. Transfer of development rights: An analysis of a New Land use policy tool [J]. American Journal of Agricultural Economics, 1975, 57 (4): 549-557.

[74] RICK PRUETZ, AICP. Beyond takings and givings: Saving natural areas, farmland and historic landmarks with transfer of development rights and Density transfer charges [M]. California: Arje Press, 2003.

[75] RICK PRUETZ, FAICP, ERICA PRUETZ. Transfer of development rights turns 40 [J]. Planning and Environmental Law, 2007, 59 (6): 3-11.

[76] RICK PRUETZ, NOAH STANDRIDGE. What makes transfer of development rights work? Success factors from research and practice [J]. Journal of the American Planning Association, 2008, 75 (1): 78-87.

[77] ROBERT A., JOHNSTON, MARY E., et al. From land marks to landscapes: A review of current practices in the transfer of development rights [J]. Journal of the American Planning Association, 1997, 63 (3): 365-378.

[78] ROBERT E., COUGHLIN, JOHN C., et al. The protection of Farmland: A reference guidebook for state and local governments [M]. DC: U.S, Government Printing Office, 1981.

[79] ROBERT J., ECKERT. Acquisition of development rights: A modern land use tool [J]. University of Miami Law Review, 1968 (23): 350.

[80] ROBERT W., HAHN. Market power and transferable property rights [J]. The Quarterly Journal of Economics, 1984, 99 (4): 753-765.

[81] SARAH J., STEVENSON. Banking on TDRs: The government's role as banker of transferable development rights [J]. New York University Law Review, 1998, 73 (4): 1329-1376.

[82] SCOTT M., SWINTON, FRANK LUPI, et al. Ecosystem services and agriculture: cultivating agricultural ecosystems for diverse benefits [J]. Ecological Economics, 2015, 64 (2): 245-252.

[83] STAVINS R. N.. Transaction costs and tradable permits [J]. Journal of Environmental Economics & Management, 1995, 29 (2): 133-148.

[84] STEVEN R., WOODBURY. Transfer of development Rights: A new tool for planners [J]. Journal of the American Institute of Planners January, 1975, 41 (1): 3-14.

[85] THEODORE PANAYOTOU. Conservation of biodiversity and economic development: the concept of transferable development rights [J]. Environmental and Resource Economics, 1994, 4 (1): 91-110.

[86] THOMAS L., DANIELS. The purchase of development rights: preserving agricultural land and open space [J]. Journal of the American Planning Association, 1991, 57 (4): 421-431.

[87] THOMAS W. , BLAINE, FRANK R. , et al. An assessment of residents' willingness to pay for green space and farmland preservation conservation easements using the contingent valuation method (CVM) [J]. Journal Extension, 2003 (41): 4.

[88] VINCENT RENARD. Property rights and the 'transfer of development rights': Questions of efficiency and equity [J]. Town Planning Review, 2007, 78 (1): 41-60.

[89] VIRGINIA MCCONNELL, ELIZABETH KOPITS, MARGARET WALLS. Farmland preservation and residential density: can development rights markets affect land use? [J]. Agricultural and Resource Economics Review, 2005, 34 (2): 131-144.

[90] VIRGINIA MCCONNELL, ELIZABETH KOPITS, MARGARET WALLS. How well can markets for development rights work? Evaluating a farmland preservation program [J]. Discussion Papers, 2003 (3): 3-9.

[91] VIRGINIA MCCONNELL, ELIZABETH KOPITS, MARGARET WALLS. Using markets for land preservation: results of a TDR program [J]. Journal of Environmental Planning and Management, 2006, 49 (5): 631-651.

[92] VIRGINIA MCCONNELL, MARGARET WALLS, ELIZABETH KOPITS. Zoning, TDRs and the density of development [J]. Journal of Urban Economics, 2006, 59: 440-457.

[93] VIRGINIA MCCONNELL, MARGARET WALLS. Policy monitor U. S. Experience with transferable development rights [J]. Review of Environmental Economics and Policy, 2009, 3 (2): 288-303.

[94] WILLIAM A. , FISCHEL. A property rights approach to municipal zoning [J]. Land Economics, 1978, 54 (1): 64-81.

[95] WILLIAM A. , FISCHEL. An economic history of zoning and a cure for its exclusionary effects [J]. Urban Studies, 2003, 41 (2): 317-340.

[96] WILLIAM FULTON, JAN MAZUREK, RICK PRUETZ, et al. TDRs and other market-based land mechanisms: How they work and their role in shaping metropolitan growth [J]. The Brookings Institution Center on Urban and Metropolitan Policy, 2004 (6): 1-46.

2. 中文参考文献

[1][德]Max Kaser. 罗马私法概说[M]. 柴田光藏, 译. 东京: 创文社, 1960.

[2][德]德国民法典（第2版）[M]. 陈卫佐, 译注. 北京: 法律出版社, 2006.

[3][美]罗纳德·H. 科斯. 产权学派与新制度学派译文集[M]. 刘守英, 等译注. 上海: 上海人民出版社, 2014.

[4][美]萨缪尔森. 经济学（中册）[M]. 北京: 商务印书馆, 1986.

[5][美]约翰·G. 斯普兰克林. 美国财产法精解[M]. 钟书峰, 译注. 北京: 北京大学出版社, 2009.

[6][美]约瑟夫·威廉·辛格. 财产法概论（法律概论影印系列）[M]. 北京: 中信出版社, 2003.

[7][日]船田享二. 罗马私法提要[M]. 东京: 有斐阁, 1985.

[8][日]野口悠纪雄. 土地经济学[M]. 汪斌, 译. 北京: 商务印书馆, 1997.

[9][日]原田庆吉. 日本民法典的历史的素描[M]. 东京: 创文社, 1954.

[10][英]F. H. 劳森, 伯纳德·冉得. 财产法（第2版）[M]. 施天涛, 等译. 北京: 中国大百科全书出版社, 1998.

[11][英]F. H. 劳森, 伯纳德·冉得. 英国财产法导论[M]. 曹培, 译. 北京: 法律出版社, 2009.

[12][英]巴里·卡林沃思, 文森特·纳丁. 英国城乡规划[M]. 陈闽齐, 等译. 南京: 东南大学出版社, 2011.

[13]薄燕娜. 所有权与权能关系之法理分析[J]. 研究生法学, 2000(2): 8-10.

[14]毕宝德. 土地经济学（第六版）[M]. 北京: 中国人民大学出版社, 2011.

[15]边振兴, 齐丽, 刘洪斌, 等. 城乡建设用地增减挂钩中土地增值收益研究: 基于土地发展权视角[J]. 中国农业资源与区划, 2016, 37(3): 55-61.

[16]重庆市国土资源和房屋管理局, 重庆农村土地交易所. 重庆地票政策实用指南[M]. 重庆: 西南师范大学出版社, 2011.

［17］蔡继明．必须给被征地农民以合理补偿［J］．中国审计，2004（8）：18．

［18］蔡继明．微观经济学［M］．北京：人民出版社，2002．

［19］柴强．各国（地区）土地制度与政策［M］．北京：北京经济学院出版社，1993．

［20］陈柏峰．土地发展权的理论基础与制度前景［J］．法学研究，2012（4）：99-114．

［21］陈海嵩．生态文明体制改革的环境法思考［J］．中国地质大学学报（社会科学版），2018，2（18）：65-75．

［22］陈华彬．物权法原理［M］．北京：国家行政学院出版社，1998．

［23］陈佳骊，徐保根．基于可转移土地发展权的农村土地整治项目融资机制分析：以浙江省嘉兴市秀洲区为例［J］．农业经济问题，2010，31（10）：53-59．

［24］陈孟平．"产权束"与"两权分离"理论［J］．中国市场监管研究，1995（7）：15-27．

［25］陈瑞莲，胡熠．我国流域区际生态补偿：依据、模式与机制［J］．学术研究，2005（9）：71-74．

［26］陈晓芳．用途管制下的土地指标交易法律构造［J］．北京大学学报（哲学社会科学版），2016，53（3）：141-148．

［27］陈晓敏．大陆法系所有权建构的两种视角：罗马法和中世纪所有权形式考察［J］．私法研究，2011，11（2）：38-63．

［28］陈钊，陆铭，等．微观经济学［M］．北京：高等教育出版社，2016．

［29］程世勇．"地票"交易：模式演进和体制内要素组合的优化［J］．学术月刊，2010（5）：70-77．

［30］程雪阳．土地发展权与土地增值收益的分配［J］．法学研究，2014（5）：76-97．

［31］崔建远．准物权的理论问题［J］．中国法学，2003（3）：76-85．

［32］崔建远．准物权研究［M］．北京：法律出版社，2003．

［33］戴红兵．中国农村土地物权制度研究［D］．武汉：武汉大学，2004．

［34］戴锏，金广君．开发权转让的调控模式及途径选择［J］．城市建筑，

2010（2）：97-99.

［35］戴中亮，杨静秋．农村集体土地发展权的二元主体及其矛盾［J］．南京财经大学学报，2004（5）：24-28.

［36］邓宏乾．土地增值收益分配机制：创新与改革［J］．华中师范大学学报（人文社会科学版），2008，47（5）：42-49.

［37］丁成日．美国土地开发权转让制度及其对中国耕地保护的启示［J］．中国土地科学，2008，22（3）：74-80.

［38］董茂云．大陆法系与英美法系的根本区别：两大法系法律观念比较［J］．法学研究，1987（1）：26-29.

［39］杜茎深，靳相木．主体功能区建设引入土地发展权的运作机制研究［J］．中州学刊，2012（1）：39-44.

［40］杜茎深，罗平．论基于物权路径引入发展权之不可行性［J］．中国土地科学，2015，29（4）：11-17.

［41］杜茎深．指标市场的引入及其对地价形成的影响［D］．杭州：浙江大学，2013.

［42］杜业明．现行农村土地发展权制度的不均衡性及其变迁［J］．西北农林科技大学学报（社会科学版），2004，4（1）：4-8.

［43］段力，傅鸿源．地票模式与农村集体建设用地流转制度的案例研究［J］．公共管理学报，2011，8（2）：86-92.

［44］段正梁．关于土地科学中土地概念的一些思考［J］．中国土地科学，2007，4（14）：18-20.

［45］法律出版社大众出版编委会．中国土地政策与法律实务应用工具箱［M］．北京：法律出版社，2013.

［46］范辉，董捷．试论农地发展权［J］．农村经济，2005（6）：28-30.

［47］范辉．农地发展权价格研究［D］．武汉：华中农业大学，2006.

［48］冯科，曹顺爱，韦仕川，等．转移发展权在中国耕地资源保护运用中的再探讨［J］．中国人口·资源与环境，2008，18（2）：8-12.

［49］高波，张鹏．基于粮食安全的耕地保护补偿：土地发展权交易的视角［J］．学习与探索，2013（10）：96-102.

［50］高富平．物权法［M］．北京：清华大学出版社，2007.

[51] 高鸿钧, 程汉大. 英美法原论(上)[M]. 北京: 北京大学出版社, 2013.

[52] 高璇. 土地发展权转移与交易的省际模拟[D]. 杭州: 浙江大学, 2012.

[53] 郜永昌. 土地发展权损失补偿的制度分析及对策[J]. 社会科学家, 2009(11): 78-81.

[54] 顾汉龙. 我国城乡建设用地增减挂钩政策的演化机理、创新模式及其实施效果评价研究[D]. 南京: 南京农业大学, 2015.

[55] 桂华, 贺雪峰. 宅基地管理与物权法的适用限度[J]. 法学研究, 2014(4): 26-46.

[56] 桂华. 公有制视野下宅基地制度及其改革方向辨析[J]. 政治经济学评论, 2015, 6(5): 179-195.

[57] 郭熙保, 王万珺. 土地发展权、农地征用及征地补偿制度[J]. 河南社会科学, 2006, 14(4): 18-21.

[58] 郭湘闽. 论土地发展权视角下旧城保护与复兴规划: 以北京为例[J]. 城市规划, 2007, 31(12): 66-72.

[59] 郭振杰, 曹世海. "地票"的法律性质和制度演绎[J]. 政法论丛, 2009(2): 46-50.

[60] 洪小翠, 楼江. 我国土地发展权配置与流转制度设计[J]. 上海国土资源, 2014(3): 11-14.

[61] 侯华丽, 杜舰. 土地发展权与农民权益的维护[J]. 农村经济, 2005(11): 78-79.

[62] 胡存智. 生态文明建设的国土空间开发战略选择[J]. 中国国土资源经济, 2014(3): 4-7.

[63] 胡存智. 中国农用土地分等定级理论与方法研究: 兼论《农用地分等规程》总体思路及技术方案设计[J]. 中国土地科学, 2012, 26(3): 4-13.

[64] 胡康生. 中华人民共和国物权法释义[M]. 北京: 法律出版社, 2007.

[65] 胡兰玲. 土地发展权论[J]. 河北法学, 2002, 20(2): 143-146.

[66] 黄莉, 宋劲松. 实现和分配土地开发权的公共政策: 城乡规划体系

的核心要义和创新方向［J］.城市规划,2008,32(12):16-21,32.

［67］黄锡生,何江.论生态文明建设与西部扶贫开发的制度对接:以生态补偿为"接口"的考察［J］.学术论坛,2017,40(1):105-110.

［68］黄贤金,陈志刚,钟太洋,等.土地经济学［M］.北京:科学出版社,2009.

［69］黄滟.农地发展权定价与土地征收补偿［D］.武汉:华中农业大学,2012.

［70］黄祖辉,汪晖.非公共利益性质的征地与土地发展权补偿［J］.经济研究,2002,21(1):4-9.

［71］季禾禾,周生路,冯昌中.试论我国农地发展权定位及农民分享实现［J］.经济地理,2005,25(2):149-151.

［72］江平.中国土地立法研究［M］.北京:中国政法大学出版社,1999.

［73］姜宏瑶.中国湿地生态补偿机制研究［D］.北京:北京林业大学,2011.

［74］蒋萍.重庆农村土地交易所地票交易风险及防范研究［D］.重庆:西南大学,2012.

［75］靳相木."移花接木"不如本土创新:中美土地征收制度对比与借鉴［N］.中国国土资源报,2013-08-02版.

［76］靳相木.地根经济:一个研究范式及其对土地宏观调控的初步应用［M］.杭州:浙江大学出版社,2007.

［77］靳相木.新增建设用地指令性配额管理的市场取向改进［J］.中国土地科学,2009,23(3):19-23.

［78］靳相木,陈箫.土地征收"公正补偿"内涵及其实现:基于域外经验与本土观的比较［J］.农业经济问题,2014,35(2):45-53.

［79］靳相木,陈阳.土地增值收益分配研究路线及其比较［J］.经济问题探索,2017(10):1-5.

［80］靳相木,丁静.土地出让制度改革的三个视角及其综合［J］.农业经济问题,2010,31(10):12-18.

［81］靳相木,杜茎深.耕地保护补偿研究:一个结构性的进展评论［J］.中国土地科学,2013(3):47-54.

［82］靳相木，沈子龙．新增建设用地管理的"配额—交易"模型：与排污权交易制度的对比研究［J］．中国人口·资源与环境，2010，20（7）：86-91．

［83］黎明月，吴璟，郑思齐．容积率奖励在我国保障性住房建设中的应用与创新［J］．现代城市研究，2014（11）：12-16．

［84］李陈，靳相木．基于质量提升的规划期内县域耕地产能占补平衡潜力评价［J］．自然资源学报，2016（2）：265-274．

［85］李国强．"权能分离论"的解构与他物权体系的再构成：一种解释论的视角［J］．法商研究，2010（1）：37-45．

［86］李世平．土地发展权浅说［J］．国土资源科技管理，2002，19（2）：15-17．

［87］李庭芝．土地发展权交易价格的形成机制及影响因素研究［D］．杭州：浙江大学，2012．

［88］李巍巍，施祖麟．经济机制设计理论评介［J］．数量经济技术经济研究，1993（9）：58-62．

［89］李文俊．机制设计理论的产生发展与理论现实意义［J］．学术界，2017（7）：236-245．

［90］李效顺，曲福田，张绍良．基于管理者认知调查下的土地指标配置分析［J］．中国人口·资源与环境，2011，21（11）：92-98．

［91］李学文．土地指标市场化交易的经济学分析［D］．杭州：浙江大学，2009．

［92］梁发超．新型土地发展权：推动中国农村集体建设用地市场化的制度选择［J］．西北农林科技大学学报（社会科学版），2015（5）：9-13．

［93］梁慧星．中国物权法研究［M］．北京：法律出版社，1998．

［94］梁慧星，陈华彬．物权法［M］．北京：法律出版社，1997．

［95］林坚，许超诣．土地发展权、空间管制与规划协同［J］．城市规划，2014，38（12）：26-34．

［96］林元兴，陈贞君．容积移转与古迹保存［J］．中国土地科学，1999（5）：15-19．

［97］刘国臻．论土地发展权在我国土地权利体系中的法律地位［J］．学

术研究, 2007 (4): 84-89.

[98] 刘国臻. 论我国设置土地发展权的必要性和可行性 [J]. 河北法学, 2008, 26 (8): 113-116.

[99] 刘国臻. 中国土地发展权论纲 [J]. 学术研究, 2005 (10): 64-68.

[100] 刘贺坤. 基于土地发展权定价的粮食主产区利益补偿标准研究 [D]. 重庆: 西南大学, 2015.

[101] 刘俊. 中国土地法理论研究 [M]. 北京: 法律出版社, 2006.

[102] 刘明明. 论土地发展权的理论基础 [J]. 理论导刊, 2008 (6): 17-21.

[103] 刘思斯. 我国土地发展权研究 [D]. 广州: 华南理工大学, 2014.

[104] 刘新平, 韩桐魁. 农地土地开发权转让制度创新 [J]. 中国人口·资源与环境, 2004, 14 (1): 135-137.

[105] 刘永湘, 杨明洪. 中国农民集体所有土地发展权的压抑与抗争 [J]. 中国农村经济, 2003 (6): 16-24.

[106] 刘铮, 张宇恒. 基于共享发展理念的生态补偿机制研究: 以新安江流域为例 [J]. 毛泽东邓小平理论研究, 2017 (5): 51-56.

[107] 马俊驹, 梅夏英. 财产权制度的历史评析和现实思考 [J]. 中国社会科学, 1999 (1): 90-105.

[108] 马韶青. 土地发展权的国际实践及其启示 [J]. 河北法学, 2013, 31 (7): 77-84.

[109] 马贤磊, 曲福田. 经济转型期土地征收增值收益形成机理及其分配 [J]. 中国土地科学, 2006, 20 (5): 2-6.

[110] 马新彦. 罗马法所有权理论的当代发展 [J]. 法学研究, 2006 (1): 114-124.

[111] 马莹, 毛程连. 流域生态补偿的经济内涵及政府功能定位 [J]. 商业研究, 2010 (8): 127-131.

[112] 马永喜, 王娟丽, 王晋. 基于生态环境产权界定的流域生态补偿标准研究 [J]. 自然资源学报, 2017, 32 (8): 1325-1336.

[113] 孟庆瑜. 我国自然资源产权制度的改革与创新: 一种可持续发展的检视与反思 [J]. 中国人口·资源与环境, 2003, 13 (1): 54-58.

[114] 钱凤魁．基于发展权理论的土地增值收益分配研究［J］．现代城市研究，2015（6）：59-63．

[115] 钱明星．物权法原理［M］．北京：北京大学出版社，1994．

[116] 邱继勤，邱道持．重庆农村土地交易所地票定价机制探讨［J］．中国土地科学，2011（10）：77-81．

[117] 任艳胜．基于主体功能分区的农地发展权补偿研究［D］．武汉：华中农业大学，2009．

[118] 沈守愚．论设立农地发展权的理论基础和重要意义［J］．中国土地科学，1998，12（1）：17-19．

[119] 沈子龙．土地开发权中国化的路径选择［D］．杭州：浙江大学，2009．

[120] 石坚，车冠琼，董继红．我国生态文明建设中空间规划体系构建的几点建议［J］．生态经济，2017，33（3）：193-196．

[121] 史尚宽．物权法论［M］．北京：中国政法大学出版社，2000．

[122] 苏康传．重庆地票基准价格测算研究［D］．重庆：西南大学，2012．

[123] 孙斌栋，王颖，郑正．城市总体规划中的空间区划与管制［J］．城市发展研究，2007，14（3）：32-36．

[124] 孙峰．从技术理性到政策属性：规划管理中容积率控制对策研究［J］．城市规划，2009，264（11）：32-38．

[125] 孙弘．中国土地发展权研究：土地开发与资源保护的新视角［M］．北京：中国人民大学出版社，2004．

[126] 孙陶生．论企业改制中的土地资产管理问题［J］．管理世界，1997（3）：129-135．

[127] 孙宪忠．中国物权法总论（第三版）［M］．北京：法律出版社，2009．

[128] 覃俊翰．历史街区保护视角下的容积转移制度研究［J］．规划师，2013，29：34-37．

[129] 谭峻．重庆市地票交易制度评论［J］．公共管理与政策评论，2013，2（2）：34-39．

[130] 谭峻，戴银萍，高伟．浙江省基本农田异地有偿代保制度个案分析

[J]. 管理世界, 2004, (3): 105-111.

[131] 谭融, 于家琦. 美国联邦制的发展沿革 [J]. 天津师范大学学报 (社会科学版), 2002 (6): 12-18.

[132] 谭新龙. 地票交易中各利益主体博弈的经济学分析 [J]. 改革与战略, 2010, 26 (3): 91-93.

[133] 汤志林. 我国土地发展权构建: 优化城市土地管理的新途径 [J]. 中国地质大学学报 (社会科学版), 2006, 6 (5): 62-66.

[134] 田克明, 王国强. 我国农用地生态安全评价及其方法探讨 [J]. 地域研究与开发, 2005, 24 (4): 79-82.

[135] 田莉. 我国控制性详细规划的困惑与出路: 一个新制度经济学的产权分析视角 [J]. 城市规划, 2007, 31 (1): 16-20.

[136] 田旭. 中国城镇化进程中征地收益分配研究 [D]. 沈阳: 辽宁大学, 2014.

[137] 田志强, 赵云泰. 建立空间规划体系的战略构想 [J]. 国土资源情报, 2015 (1): 3-10.

[138] 童之伟. 单一制、联邦制的理论评价和实践选择 [J]. 法学研究, 1996 (4): 92-109.

[139] 屠帆, 卫龙宝, 张佳. 异地代保和土地开发权转移比较 [J]. 中国土地科学, 2008, 22 (2): 29-35.

[140] 托马斯·C. 格雷, 高新军, 译. 论财产权的解体 [J]. 经济社会体制比较, 1994 (5): 21-26.

[141] 万江. 土地用途管制下的开发权交易: 基于指标流转实践的分析 [J]. 现代法学, 2012 (5): 185-193.

[142] 汪晗. 土地发展权定价与空间转移研究 [D]. 武汉: 华中农业大学, 2012.

[143] 汪晗, 聂鑫, 张安录. 可转移发展权对于土地开发量影响研究: 以武汉市洪山区为例 [J]. 城市发展研究, 2011, 18 (10): 45-49.

[144] 汪晗, 聂鑫, 张安录. 武汉市农地发展权定价研究 [J]. 中国土地科学, 2011 (7): 66-71.

[145] 汪晗, 张安录. 基于科斯定理的农地发展权市场构建研究 [J]. 理

论月刊，2009（7）：137-139.

[146] 汪晖，陶然. 论土地发展权转移与交易的"浙江模式"：制度起源、操作模式及其重要含义［J］. 管理世界，2009（8）：39-52.

[147] 汪晖，王兰兰，陶然. 土地发展权转移与交易的中国地方试验：背景、模式、挑战与突破［J］. 城市规划，2011，35（7）：9-13.

[148] 汪习根. 发展权含义的法哲学分析［J］. 现代法学，2004（6）：3-8.

[149] 汪秀莲，张建平. 土地用途分区管制国际比较［J］. 中国土地科学，2001，15（4）：16-21.

[150] 王博，陈笑筑，何晓波. 省级以下建设用地空间配置效率测度及优化探讨［J］. 中国人口·资源与环境，2016，26（1）：89-96.

[151] 王博. 我国建设用地总量控制和市场配置研究［D］. 南京：南京农业大学，2016.

[152] 王冲. 物权客体研究——物权客体是否以有体物为限［D］. 重庆：西南政法大学，2009.

[153] 王婧，方创琳，王振波. 我国当前城乡建设用地置换的实践探索及问题剖析［J］. 自然资源学报，2011，26（9）：1453-1466.

[154] 王克强，刘红梅，胡海生. 中国省级土地利用年度计划管理制度创新研究：以 A 市为例［J］. 中国行政管理，2011（4）：80-84.

[155] 王利明. 物权法论［M］. 北京：中国政法大学出版社，1998.

[156] 王莉莉. 存量规划背景下容积率奖励及转移机制设计研究：以上海为例［J］. 上海国土资源，2017，38（1）：33-37.

[157] 王庆日，唐健. 农村土地政策创新：实践发展与检验［J］. 中国土地，2015（12）：6-10.

[158] 王淑华. 城乡建设用地流转法律制度研究［D］. 上海：复旦大学，2011.

[159] 王顺祥，吴群，黄玲. 基于农地发展权视角的征地片区地价确定研究：以江苏省南通市港闸区为例［J］. 中国土地科学，2008，22（8）：35-42.

[160] 王婷. 城乡建设用地增减挂钩制度创新研究［D］. 南京：南京农业大学，2012.

[161] 王万茂，臧俊梅．试析农地发展权的归属问题［J］．国土资源科技管理，2006，23（3）：8-11．

[162] 王向东，刘卫东．中国空间规划体系：现状、问题与重构［J］．经济地理，2012，32（5）：7-15．

[163] 王小映．全面保护农民的土地财产权益［J］．中国农村经济，2003（10）：10．

[164] 王永慧，严金明．农地发展权界定、细分与量化研究：以北京市海淀区北部地区为例［J］．中国土地科学，2007，21（2）：25-30．

[165] 王涌．寻找法律概念的"最小公分母"：霍菲尔德法律概念分析思想研究［J］．比较法研究，1998（2）：41-55．

[166] 王泽鉴．民法物权（1）［M］．北京：中国政法大学出版社，2001．

[167] 文兰娇，张安录．地票制度创新与土地发展权市场机制及农村土地资产显化关系［J］．中国土地科学，2016，30（7）：33-40．

[168] 吴次芳，陆张维，杨志荣，等．中国城市化与建设用地增长动态关系的计量研究［J］．中国土地科学，2009，23（2）：18-23．

[169] 吴次芳，谭荣，靳相木．中国土地产权制度的性质和改革路径分析［J］．浙江大学学报（人文社会科学版），2010，40（6）：25-32．

[170] 吴义茂．建设用地挂钩指标交易的困境与规划建设用地流转：以重庆"地票"交易为例［J］．中国土地科学，2010，24（9）：24-28．

[171] 吴泽斌，汪友结，罗文斌．基于市场的耕地开发权交易与耕地保护［J］．农机化研究，2009，31（4）：28-30．

[172] 谢新．指标控制下城乡土地流转微观机制分析：以成渝地票实践为例［J］．中国农村经济，2012（12）：17-31．

[173] 谢在全．民法物权论［M］．北京：中国政法大学出版社，1999．

[174] 谢增毅，冉昊．"财产法与物权法比较：兼评《物权法（草案）》研讨会"综述［J］．环球法律评论，2006，28（1）：9-14．

[175] 严栋．征地补偿与土地发展权分配［D］．杭州：浙江大学，2008．

[176] 杨明洪，刘永湘．压抑与抗争：一个关于农村土地发展权的理论分析框架［J］．财经科学，2004（6）：24-28．

[177] 杨庆媛，鲁春阳．重庆地票制度的功能及问题探析［J］．中国行政

管理, 2011 (12): 68-71.

[178] 姚昭杰. 土地发展权法律问题研究 [D]. 广州: 华南理工大学, 2015.

[179] 叶秋华, 王云霞. 大陆法系研究 [M]. 北京: 中国人民大学出版社, 2008.

[180] 尹田. 论一物一权原则及其与"双重所有权"理论的冲突 [J]. 中国法学, 2002 (3): 73-85.

[181] 约翰·亨利·梅利曼, 所有权与地产权 [J]. 赵萃萃, 译. 比较法研究, 2011 (3): 147-160.

[182] 郧文聚, 王洪波, 王国强, 等. 基于农用地分等与农业统计的产能核算研究 [J]. 中国土地科学, 2007 (4): 32-37.

[183] 臧俊梅, 王万茂, 陈茵茵. 农地发展权价值的经济学分析 [J]. 经济体制改革, 2008 (4): 90-95.

[184] 臧俊梅, 王万茂, 陈茵茵. 农地非农化中土地增值分配与失地农民权益保障研究: 基于农地发展权视角的分析 [J]. 农业经济问题, 2008, 29 (2): 80-85.

[185] 臧俊梅, 王万茂. 农地发展权的设定及其在中国农地保护中的运用: 基于现行土地产权体系的制度创新 [J]. 中国土地科学, 2007, 21 (3): 44-50.

[186] 臧俊梅, 张文方, 李景刚. 耕地总量动态平衡下的耕地保护区域补偿机制研究 [J]. 农业现代化研究, 2008, 29 (3): 318-322.

[187] 臧俊梅. 农地发展权的创设及其在农地保护中的运用研究 [D]. 南京: 南京农业大学, 2007.

[188] 臧妻斌, 傅建春. 刍议基本农田易地代保 [J]. 安徽农业科学, 2007, 35 (26): 8381-8382.

[189] 张安录. 城乡生态经济交错区农地城市流转机制与制度创新 [J]. 中国农村经济, 1999 (7): 43-49.

[190] 张安录. 城乡生态经济交错区土地资源可持续利用与管理研究 [D]. 武汉: 华中农业大学, 2000.

[191] 张安录. 可转移发展权与农地城市流转控制 [J]. 中国农村观察,

2000（2）：20-25.

[192] 张安录. 征地补偿费分配制度研究［M］. 北京：科学出版社，2010.

[193] 张鹤林，黄进. 贵州：增减挂钩指标网上交易平台启动［N］. 中国国土资源报，2016-05-17（版）.

[194] 张京祥，庄林德. 管治及城市与区域管治：一种新制度性规划理念［J］. 城市规划，2000（6）：36-39.

[195] 张俊，陈汉云，杨志威. 土地发展权移转的国际比较研究［J］. 改革与战略，2008（1）：58-61.

[196] 张良悦. 土地发展权及其交易：基于农地保护的政策工具［J］. 经济体制改革，2008（6）：37-42.

[197] 张鹏. 规划管制与土地发展权关系研究评述［J］. 中国土地科学，2010，24（10）：76-80.

[198] 张鹏，刘春鑫. 基于土地发展权与制度变迁视角的城乡土地地票交易探索：重庆模式分析［J］. 管理世界，2010（5）：103-107.

[199] 张启兵. 安徽全力推进新安江生态补偿［J］. 环境保护，2012（24）：58-59.

[200] 张瑞云. 我国容积移转法制之研究——兼与日本容积移转制度之比较［D］. 台湾：国立政治大学，2007.

[201] 张婷婷. 基于土地发展权的土地征收补偿机制研究［D］. 兰州：兰州大学，2014.

[202] 张蔚文，李学文，吴宇哲. 基于可转让发展权模式的折抵指标有偿调剂政策分析：一个浙江省的例子［J］. 中国农村经济，2008，（12）：50-61.

[203] 张蔚文，李学文. 外部性作用下的耕地非农化权配置："浙江模式"的可转让土地发展权真的有效率吗？［J］. 管理世界，2011（6）：47-62.

[204] 张先贵. 容积率指标交易的法律性质及规制［J］. 法商研究，2016，171（1）：65-73.

[205] 张新平. 英国土地发展权国有化演变及启示［J］. 中国土地，2015（1）：36-38.

[206] 张占录，赵茜宇，李朔. 中国土地发展权的经济分析与配置设计：以北京市平谷区为例［J］. 地域研究与开发，2015，34（2）：137-141.

[207] 赵海怡,李斌."产权"概念的法学辨析：兼大陆法系与英美法系财产法律制度之比较[J]. 制度经济学研究, 2003 (2): 65-81.

[208] 赵廉慧. 财产权的概念[D]. 北京：中国政法大学, 2003.

[209] 郑海霞. 中国流域生态服务补偿机制与政策研究：以4个典型流域为例[D]. 北京：中国农业科学院, 2006.

[210] 郑俊鹏,王婷,欧名豪,等. 城乡建设用地增减挂钩制度创新思路研究[J]. 南京农业大学学报（社会科学版）, 2014 (5): 84-90.

[211] 郑文含. 城镇体系规划中的区域空间管制：以泰兴市为例[J]. 规划师, 2005, 21 (3): 72-77.

[212] 郑振源."Development Rights"是开发权还是发展权？[J]. 中国土地科学, 2005, 19 (4): 61.

[213] 周诚. 农地转非自然增值公平分配论：兼评"涨价归私"论和"涨价归公"论[J]. 农业经济导刊, 2007, (3): 7-12.

[214] 周诚. 土地经济学原理[M]. 上海：商务印书馆, 2003.

[215] 周建春. 耕地估价理论与方法研究[D]. 南京：南京农业大学, 2005.

[216] 周建春. 农地发展权的设定及评估[J]. 中国土地, 2005 (4): 22-23.

[217] 周建春. 中国耕地产权与价值研究：兼论征地补偿[J]. 中国土地科学, 2007, 21 (1): 4-9.

[218] 朱道林. 我国土地增值及其分配关系的现实特征和制度障碍[J]. 学海, 2017 (3): 46-55.

[219] 朱启臻,窦敬丽. 新农村建设与失地农民补偿：农地发展权视角下的失地农民补偿问题[J]. 中国土地, 2006 (4): 19-20.

[220] 朱庆梅. 论国有土地使用权的法律性质[D]. 北京：中国政法大学, 2007.

[221] 朱一中,曹裕. 农地非农化过程中的土地增值收益分配研究：基于土地发展权的视角[J]. 经济地理, 2012, 32 (10): 133-138.

[222] 朱悦蘅,黄韬. 农村土地集体产权的主体化及其治理机制[J]. 经济社会体制比较, 2013 (2): 42-54.

[223] 诸培新,唐鹏. 农地征收与供应中的土地增值收益分配机制创新:基于江苏省的实证分析[J]. 南京农业大学学报(社会科学版),2013(1):66-72.

[224] 祝平衡. 土地发展权价格测算初探[J]. 华中农业大学学报(社会科学版),2009(1):33-37.

重要术语索引表

B

暴利—暴损 …………………… 002

C

财产权 ………………………… 003
财产性权利 …………………… 033

F

发送区 ………………………… 006
发展权购买 …………………… 013
发展权转移 …………………… 003
法定上限密度限制 …………… 051

G

供给与需求 …………………… 015

J

机制 …………………………… 001
基本农田 ……………………… 033
价格发现功能 ………………… 114
建设用地指标 ………………… 003
建筑密度 ……………………… 014
建筑容量转移 ………………… 061
交易主体 ……………………… 015
接收区 ………………………… 006

L

量化 …………………………… 004

N

农地非农化 …………………… 035

Q

权利束 ………………………… 004

R

容积率 ………………………… 010
容积移转 ……………………… 030

S

生态补偿 ……………………… 001
市场机制 ……………………… 018

T

土地发展权 …………………… 003
土地用途管制 ………………… 002
土地增值收益 ………………… 005

W

物权 …………………………… 004

X

项目 …………………………… 001
项目化机制 …………………… 006

Z

增减挂钩 …………………… 006

制度化机制 ………………… 006

"转—征—供"制度 ………… 076

zoning ……………………… 012